INDEPENDÍZATE DE PAPÁ ESTADO

INDEPENDÍZATE DE PAPÁ ESTADO

CÓMO INVERTIR DE FORMA INTELIGENTE Y SIMPLE PARA ALCANZAR LA LIBERTAD FINANCIERA

Carlos Galán Rubio

www.carlosgalan.net

Reservados todos los derechos. No se permite la reproducción total o parcial de esta obra, ni su incorporación a un sistema informático, ni su transmisión en cualquier forma o por cualquier medio (electrónico, mecánico, fotocopia, grabación u otros) sin autorización previa y por escrito de los titulares del copyright. La infracción de dichos derechos puede constituir un delito contra la propiedad intelectual.

Aviso legal, exclusión de garantías y responsabilidad: El autor de este libro no es un asesor financiero autorizado. Toda la información publicada en debe considerarse meramente como una opinión, no como un asesoramiento personalizado de inversión. El autor no se hace responsable de posibles pérdidas incurridas por parte del lector. Recuerda que rentabilidades pasadas no son garantía de rentabilidades futuras y que cualquier tipo de inversión conlleva riesgo de perder dinero.

Anuncios patrocinados, enlaces de afiliados y publicidad: el autor no se hace responsable de posibles inexactitudes o errores que pudieran contener los anuncios, ni garantiza en modo alguno la experiencia, integridad o responsabilidad de los anunciantes o la calidad de sus productos.

De qué vamos a hablar

Capítulo 0
Antes de empezar... 7

Capítulo 1
Into the wild: hacia rutas rentables 13

Capítulo 2
Cómo me arruiné a los 15 años y qué podemos aprender de ello 15

Capítulo 3
Excusas para no invertir 21

Capítulo 4
Sin pelos en la lengua: separando el grano de la paja... 27

Capítulo 5
Invirtiendo: Comprando el mundo ENTERO 53

Capítulo 6
Cómo poner a funcionar tu propio sistema automático de inversión 71

Capítulo 7
El momento de la jubilación 89

Capítulo 8
FAQ: Todas tus dudas, y más, resueltas 105

Capítulo 9
En terrenos pantanosos: ¿comprar o alquilar vivienda? 125

CHECK OUT 128
Devolviendo lo aprendido 133
Lista de correo 134
SOBRE MÍ y BLOG 138

Capítulo 0

Antes de empezar...

De qué trata el libro

Trata sobre INVERSIÓN en mayúsculas. No habla sobre "ahorrillos", ni tampoco sobre especulación. Se centra en **invertir inteligentemente y a largo plazo**, aprovechando la "magia del interés compuesto". Habla de diseñar un plan, aquí y ahora, que te lleve hacia la libertad financiera (no depender de tu trabajo para pagar tus gastos) de manera lenta pero segura. Sin atajos. No existen.

Pese a lo que pueda insinuar el título, NO trata sobre política ni entra a discutir la sostenibilidad del sistema de pensiones.

En resumen: en este pequeño libro te enseño todo lo que sé sobre el mundo del dinero. Lo que he aprendido de mis propios errores. Y quizá te convenza para que te unas a mí y pongas en práctica lo aprendido.

A quién va dirigido el libro

Este libro va dirigido a todo aquel que quiera aprender lo importante sobre el mundo de la inversión de una forma PRÁCTICA. Y también para aquel que sepa e incluso haya estudiado el tema, pero no sepa por dónde empezar.

No hay un límite de edad. Todo el mundo puede leerlo. Sin embargo, quien más jugo podrá sacarle es alguien "joven": de 15-35 años de edad. Alguien mayor, pero con espíritu joven, también le sacará mucho partido.

Libro siempre evolucionando: actualizado en 2023

Como verás a lo largo del libro, me gusta estar en contacto con los lectores y cada cierto tiempo (1-2 veces al año) actualizo el libro para darte un contenido siempre útil y práctico.

Por qué lo escribo

Lo escribo porque veo a mucha gente con grandes carencias de cultura financiera. Me duele ver amigos que deambulan por la vida (financieramente), sin plan, a la deriva. Tienen buenas intenciones, pero no saben por dónde empezar, tienen miedo, están paralizados.

Si tuvieran unas nociones básicas, un plan y EMPEZASEN a invertir… Eso lo cambiaría todo. **Este libro es para ellos.**

No pretendo "forrarme" con este libro ni convertirme en el próximo gurú. De hecho, dedico el 50% de los beneficios del libro a EDUCACIÓN FINANCIERA para niños. En mi web puedes ver algunas de las actividades que financio (como talleres impartidos por Alejandro Gris de *Club de Talentos* o Juana Léon de *Aprender Cuenta*, colaboraciones con *Value School* y con la fundación *Level Up*, o incentivos para que más padres inviertan para sus hijos): www.carlosgalan.net/donaciones

Quién soy yo para escribir sobre un tema tan "delicado"

Soy alguien que lleva toda su vida fascinado por el maravilloso mundo financiero. Quizá te preguntes si deberías fiarte de alguien tan joven (cuando escribí el libro "sólo" tenía 23 años). Tan sólo hay una cosa que pueda decir en mi defensa: "Un joven en años puede ser viejo en horas, si no ha perdido el tiempo". Y te puedo asegurar que mi vida es una cruzada contra la palabra desaprovechamiento.

Desde pequeñito me interesó muchísimo todo lo relacionado con las finanzas y compré mi primera acción con tan sólo 15 años. Desde entonces he probado infinidad de métodos, he leído mucho y he asistido a demasiados cursos. He dado muchos palos de ciego por el camino. Y he aprendido de la mejor, y quizá única forma: PERDIENDO dinero. Por experiencia.

Como no podía ser de otra manera estudié la carrera de Economía en la Universidad de Zaragoza, donde conseguí ser el mejor alumno de la promoción. También estuve en la Universidad de San Diego en California, Estados Unidos, un país que todo amante de las finanzas debe conocer. Allí pude ver todo el circo económico desde una óptica muy diferente a la europea, lo cual fue muy enriquecedor para mí.

También he tenido la oportunidad de ver cómo funciona realmente el mundo de la bolsa desde dentro y de una manera profesional: desde el departamento de análisis de renta variable (*Equity Research*) del banco BBVA.

Tras esta primera experiencia laboral decidí que era el momento de hacer algo diferente. De hacer acopio cultural y de ideas. Así que me marché a recorrer el Sudeste Asiático durante 3 meses. El momento que vivimos es histórico, sin duda el más excitante de la historia: el mundo cambia por segundos. Y no me lo he querido perder.

A la vuelta de esta apasionante excursión (febrero de 2015) decidí que había llegado la hora de compartir mis conocimientos sobre inversión con el mundo. Aquí lo tienes… (actualizado en 2023)

Si quieres saber más sobre mí y sobre qué hago ahora, puedes verlo en mi web.

Unos pocos lectores descontentos

Seguramente no debería comentar esto al principio del libro. Pero la transparencia es una de mis señas de identidad.

Si te fijas en las valoraciones del libro, verás que en general son bastante buenas (más de 4.000 opiniones y el 89% son de 4 y 5 estrellas).

Sin embargo, hay algunas negativas. Y te las voy a resumir para que seas consciente antes de dedicar tu recurso más valioso (tu tiempo) a leer mi libro (no te llevará más de 2-3 horas):

1) Lenguaje **simple y directo**. Para mí (y para la mayoría de lectores) esto es una ventaja, pero a unos pocos les resulta molesto. Si tú eres de esos, quedas advertido.

2) Contenido que puedes encontrar en internet. Por supuesto, lo que explico no es una fórmula mágica. No he inventado nada nuevo y en ningún caso pretendo atribuirme el mérito.

    ¿Puedes encontrar lo que explico leyendo blogs? Sin duda. Como de cualquier tema.

    La diferencia está en que ahorras mucho tiempo. Dedicar cientos de horas o leer la esencia en un libro práctico.

3) Recomendaciones. Cuando escribí este libro tenía muy claro que sería un libro diferente. Un libro **muy práctico**. Estaba cansado de libros teóricos. Pensé que faltaba una guía que no te hablase únicamente de la teoría, sino que te diese **un plan a seguir muy claro** al terminar de leer.

    Al fin y al cabo, hablamos de inversión. Y si un libro no te enseña a actuar e invertir después, en mi opinión es inútil.

    Y por eso en este libro te explicaré cómo empezar a invertir, evidentemente hablando de opciones de inversión concretas. Siempre de forma transparente, te diré todas las opciones disponibles y te diré cuáles uso yo personalmente.

4) No va de "dar el pelotazo". La filosofía del libro es muy distinta. Habla de construir un patrimonio a largo plazo, sin prisa, pero sin pausa.

Y ahora sí. Si estás de acuerdo, ¡comenzamos!

«KIT de Recursos» 'Independízate'

En mi web puedes acceder **gratis** al «KIT de recursos de iniciación» *Independízate*. Lo puedes conseguir en www.carlosgalan.net/unete-al-equipo**,** registrándote con tu correo electrónico.

Allí tienes:

1) El **plan de acción** para invertir en 20 minutos

2) Mi masterclass *"Invertir sin ser un experto"* (vídeo)

3) Lista de **Preguntas** Frecuentes Actualizadas + **vía de comunicación** para hacerme nuevas preguntas

4) **Mi eBook** *'Vivir de rentas inmobiliarias'* en PDF

5) La Hoja Excel que utilizo para **controlar mis gastos y patrimonio**

Además, a final de **cada mes** envío un e-mail de "**Píldoras mensuales**" con reflexiones. Los actuales lectores dicen que mis mensajes son *una de las pocas cosas que leo y realmente valoro* y *una inspiración tanto para la inversión como para la vida misma.*

Para entrar puedes ir a mi web o escanear con la cámara de tu móvil este código QR

Acceso al KIT

1. Abre la cámara de tu móvil

2. Enfoca el **código QR**

3. Pulsa en la notificación para acceder a la página web

4. Rellena tu correo electrónico. Haz click en *Enviar*.

1ª edición: 2015

Edición que estás leyendo (12ª edición): 2023

Capítulo 1

Into the wild: hacia rutas rentables

La industria de los productos de inversión es enorme. Hay muchos miles de millones de euros en juego. Esto ha atraído a bancos, asesores, brokers, chiringuitos financieros y muchos otros que quieren un pedazo de este apetitoso pastel.

Todos tratan de convencerte de que tienen el mejor producto, tratan de sobornarte con televisiones, vajillas y demás basura. Cada vez hay más innovación (ingeniería financiera) y la avaricia y desconocimiento de algunos (tanto bancos como clientes) lleva a desastres financieros (véanse preferentes, por ejemplo).

Es posible que no hayas caído en esta gran trampa o que únicamente hayas perdido unos cientos de euros con unas acciones que tu director de sucursal de "confianza" te recomendó. O puede que hayas preferido esconder la cabeza, pensar que todo esto no va contigo (por tu edad o falta de tiempo) y delegar en tu padre/madre, hermano/a o marido/mujer.

Eres consciente de que **invertir para tu futuro es importante** y cada vez tienes más dudas acerca de la sostenibilidad del sistema de pensiones. Es posible que cuando llegue tu turno para cobrar la pensión no quede ni un duro. Estás preocupado. Y con razón. Aun con todo, crees que todavía eres joven y ya habrá tiempo de invertir.

Quizá cuando empieces a trabajar, o cuando te asciendan, o cuando recibas un dinero inesperado (herencia, premio etc), o cuando conozcas a un millonario que te revele el truco definitivo para ganar en bolsa. Estás esperando el momento perfecto.

Aunque te decidieses a hacerlo hoy mismo, ¿por dónde empezar? Hay tantos bancos, tantos productos distintos, tantas teorías, tantos libros… que te sientes abrumado. ¿A quién hacer caso?

De alguna forma sabes que tienes que hacer algo, pero después de investigar superficialmente te sientes confundido y no haces NADA. El **TIEMPO** pasa.

No voy a prometerte que leyendo (y poniendo en práctica lo que propongo) te vas a convertir en multimillonario en pocos años. La filosofía que quiero transmitirte es completamente opuesta.

Lo que sí te aseguro es que, si haces lo que te digo, destinas el dinero suficiente y empiezas pronto, **tu independencia financiera estará asegurada cuando te jubiles**. O puede que incluso antes. O lo que es lo mismo, después de pagar "tu propia factura" (aquello que destinarás a inversión) podrás gastar sin remordimientos el resto de tu dinero, sabiendo que no necesitas "ahorrar" para el futuro.

¡Comenzamos!

Capítulo 2

Cómo me arruiné a los 15 años y qué podemos aprender de ello

Desde muy joven me interesó muchísimo **el mundo del dinero**. Me gustaba hablar sobre ello con los adultos y enseguida busqué formas de ganarlo y hacerlo crecer. Según cuenta mi madre, con 7 años le pedí a mi abuelo que no me diera más "paga"; quería que me comprase acciones de bolsa en su lugar. Y a la edad de 12 años ya había conseguido vender unos cuantos vehículos para mi familia y vecinos, obteniendo jugosas comisiones.

Después de esto empecé a oír hablar de algo llamado "bolsa" y quedé maravillado de conocer una forma de crear dinero de la nada, con tus ideas, desde el sofá de tu casa. Tras leer un par de libros y muchos foros en internet, decidí abrir una cuenta de valores con 15 años. Tuve que hacerlo a nombre de mi abuelo puesto que no es legal que un menor de edad opere por su cuenta en bolsa.

Decidí empezar con algo seguro y acudí a la OPV (salida a bolsa) de Criteria Caixa Corp, el holding de inversiones de La Caixa (tenía una cartera industrial diversificada, participando en Telefónica, Repsol, Gas Natural o Abertis). Después de un par de aburridos meses en los que la cotización de las acciones no se movía ni un céntimo (literalmente, el valor cerraba día sí y día también a 5,25 euros, su precio inicial), decidí vender Criteria y buscar algún valor más divertido y rentable. Acababa de llegar a la bolsa, ¡quería emoción! ¡Subidas y bajadas!

Esto fue en verano de 2007, justo antes de la mayor crisis de la historia reciente. Y, si lo recordáis, por aquellos días la industria de moda que iba a cambiar el mundo era la de las energías renovables.

Concretamente había una empresa muy "puntera" que parecía un cohete: no paraba de subir en bolsa. Se llamaba Solaria y vendía placas fotovoltaicas. Las perspectivas del sector y la compañía eran inmejorables. ¿Cómo no iba a invertir en la empresa que iba a revolucionar el sector energético mundial?

Así que compré algunas acciones. Durante unos meses todo fue bien, la cotización subía y yo me creía el más listo del lugar. Un día subió un 25% y yo "gané" cientos de euros en unas horas y sin hacer nada: ¡Con 15 años "ganando" más que los adultos! ¡Qué mundo tan fascinante el de la bolsa!

Después las cosas empezaron a torcerse y la cotización comenzó a caer. Pero eso no importaba, yo pensaba que "la empresa seguía teniendo excelentes perspectivas y el mercado no sabía valorarlo". De hecho, era una buena ocasión para comprar más acciones, pensé. Así que compré otro puñado, promediando a la baja (ahora mi precio medio de compra era menor).

En esta época pasaba bastantes horas leyendo foros sobre la empresa, donde muchos "pillados" (inversores que estábamos perdiendo bastante dinero) nos autoconvencíamos de que la empresa era excelente y eso se acabaría trasladando al precio. Tras más caídas, compré un tercer paquete de acciones y en ese momento TODO mi dinero estaba depositado en acciones de Solaria, todo a una sola carta. "All in". Y no importa si eran muchos "euros" o no, **todo tu dinero es TODO tu dinero.**

Desde los 25 euros de máximo histórico, la acción se desplomó hasta cotizar a menos de 1 euro. Después recuperó hasta los 3 euros, momento que aproveché para vender y asumir que me había ARRUINADO: había perdido el 95% de mi dinero.

Arruinarme fue muy DOLOROSO. Había perdido: Game Over. Me habían engañado. ¿Cómo era posible? Durante unos meses estuve semi-deprimido hasta el punto de que mi familia se empezó a preocupar.

En cualquier caso, no me arrepiento en absoluto de esta experiencia y de ninguna manera la cambiaría. Aprendí muchísimo de ella y fue lo que me empujó a aprender cómo funciona realmente el mundo del dinero y qué estrategias utilizar para hacerse rico en bolsa.

Pero no dando el pelotazo, en un par de meses, sino a lo largo de tu vida. De toda una vida. Y eso, querido amigo, sí es muy probable.

¿Qué lecciones aprendí?

1. Necesitas un sistema que no dependa de ti ni de tus emociones

Esto es muy importante. Tu dinero no puede depender de tu estado de ánimo ni de tus opiniones. Es demasiado importante. Tienes todas las de perder. Por tanto, el éxito pasa por eliminarte a ti mismo de la ecuación: diseñar un sistema **automático** que invierta "pase lo que pase", sin pensar, como un ordenador.

2. Nadie sabe lo que va a pasar

Nadie sabe si el punto en el que estamos es un máximo o es un mínimo. Si la bolsa subirá un 20% o caerá un 30% en los próximos meses. ¿Solución? Invertir siempre, cada mes o cada semestre o cada año, "pase lo que pase". Como un ordenador. Sin sentimientos.

3. Hay que diversificar

Warren Buffet (uno de los hombres más ricos del planeta) recomienda no diversificar, sino concentrar tus apuestas, para hacerte rico. Pero… espera un momento:

a) Tú no eres Warren Buffet: no tienes su cabeza, ni su conocimiento, ni su tiempo, ni su equipo de 50 analistas.

b) A pesar de lo que dice, su compañía, Berkshire Hathaway, tiene inversiones en cientos de empresas.

c) Recientemente Buffet declaró públicamente que el 90% de su herencia se invertirá en un fondo indexado del S&P500 (muy diversificado; más sobre fondos indexados en el capítulo 4).

 Moraleja: DIVERSIFICA. Acepta y asume que no tienes ni idea de lo que va a hacer el mercado.

4. En bolsa compites desde el principio contra los mejores

Si empiezas a practicar cualquier deporte, comienzas jugando contra gente de tu nivel o similar. Sería impensable que empieces a jugar a tenis y el primer día te toque jugar contra Rafa Nadal.

En la bolsa no es así. Desde el primer día compites contra los mejores del mundo. Y el problema es que la bolsa mueve mucho dinero. Y eso atrae no solo a los mejores inversores sino a las mentes más brillantes del mundo.

Así que pensar que vamos a "ganar al mercado" (a estos profesionales) a mí me parece bastante presuntuoso. Por eso ya no lo intento.

5. La única estrategia realmente consistente para hacerse rico en bolsa es dejar pasar el tiempo

Invertir en el índice (muy diversificado), echarte a dormir 40 años y despertarte millonario. **Magia** del interés compuesto (más sobre esto en el capítulo 4). Por eso, **¡EMPIEZA HOY!**

El interés compuesto surge cuando los intereses de una inversión son reinvertidos para obtener más intereses en los siguientes años produciendo un crecimiento acelerado. Incluso Einstein se refirió al interés compuesto como la fuerza más poderosa del universo.

Y es que se produce un "efecto bola de nieve" muy poderoso: si tiramos una bola de nieve por una ladera nevada, ésta comienza a rodar y pequeños copos comienzan a adherirse, al principio de manera muy lenta, casi inapreciable. Pero al poco tiempo la bola empieza a ganar masa y velocidad cada vez más deprisa, creciendo de forma exponencial. Así hasta convertirse en una gran bola de nieve de varios kilogramos de peso rodando a toda velocidad.

Esto es exactamente lo que ocurre con las inversiones a largo plazo:

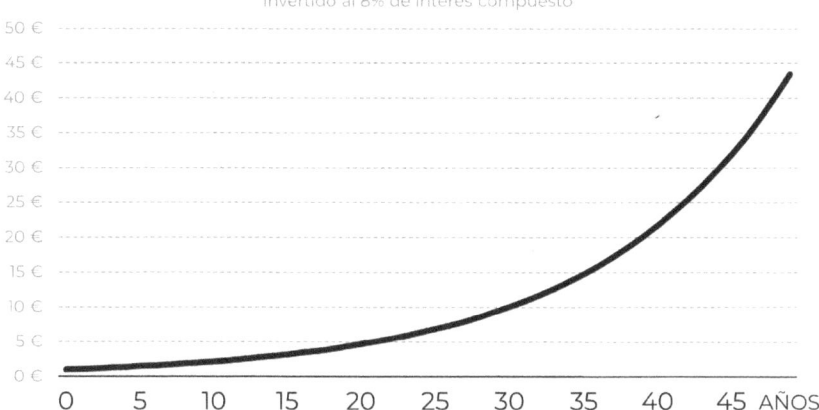

Capítulo 3

Excusas para no invertir

Para preparar este libro entrevisté a gente muy diversa en cuanto a edad, nivel académico y económico. La mayoría de ellos compartía una serie de patrones mentales y creencias que los llevaba a tomar decisiones poco acertadas de inversión. Esto se traducía en seis "excusas" muy claras para no invertir.

1. "Yo no invierto porque mira lo que le pasó a la gente; ¡invirtió sin tener ni idea y así le fue!"

La esencia de este argumento es muy sabia, totalmente acertada. Si no tienes ni pajolera idea, no te metas. No cedas ante los cantos de sirena de productos financieros que no entiendes ni ante los regodeos de amigos que están ganando un 10% anual "en un depósito sin riesgo" (que luego resultan ser preferentes con mucho riesgo).

Sin embargo, hay que ir un paso más allá. Si no sabes, ¡**APRENDE**! En esta guía, con esta filosofía u otra distinta y por otros medios (otros libros, foros, cursos…). Pero, POR FAVOR, aprende lo básico sobre el mundo del **dinero**. Es algo que, te guste o no, está presente en cada instante de tu vida. Pocas cosas van a incrementar tu calidad de vida más que adquirir una correcta cultura financiera y, sobre todo, utilizarla: **ACCIÓN**. De nada sirve tener todo el conocimiento si no lo aplicas y te beneficias de él.

2. "Yo ya tengo mi propia profesión. No tengo tiempo de informarme sobre esto. Para eso está mi asesor de BBVA/Banco Santander etc."

Hoy en día ya no tienes una única profesión. Al menos tienes dos: la tuya propia y la de gestionar tu propio dinero. Y de hecho puedes "ganar" igual o más con la segunda. Tu asesor NO es tu amigo y no tenéis los mismos intereses. Así que, por tu bien, aprende a manejar tu dinero.

O, en otras palabras: sabes hacer un huevo frito, ¿verdad? Y también utilizas el ordenador, el móvil, la televisión etc. Me juego una mano a que no eres cocinero. Y tampoco eres ingeniero informático. Y, sin embargo, sabes lo suficiente como para beneficiarte de los avances. Este tema es exactamente igual: NO HACE FALTA SER UN EXPERTO para ocuparte de tu dinero.

3. "Yo no invierto porque no lo necesito. Tengo dinero suficiente. Estoy contento con mi depósito al 1%"

MENTIRA, y de las GORDAS. Si tienes dinero suficiente, ¿por qué sigues trabajando? O, ¿por qué trabajas tanto? ¿No te gustaría poder jubilarte 10 años antes? ¿No te gustaría poder viajar más?

En general, un depósito te va a dar lo mismo que la inflación, o algo menos. Vas a mantener (o perder ligeramente) tu poder adquisitivo. Esto es muy conservador. Entiendo que un abuelito de 80 años tenga todo su dinero en depósitos. Pero tú no te puedes permitir esto. Así de simple.

Tener un conocimiento mínimo sobre inversión te va a permitir ganarle 4 o 5 puntos porcentuales anuales a la inflación (suponiendo un rendimiento medio de la bolsa de un 8% e inflación media del 3%) y esto, después de 30-40 años, es una diferencia abismal. Estamos hablando de **poder jubilarte 10-15 años antes** o de trabajar la mitad. Estamos hablando de cientos de miles de euros (y muy probablemente de millones). Sí, sí, has leído bien. Millones de euros. **Demasiado premio** como para no tomarse el tiempo de aprender.

Un ejemplo práctico: Supón que tienes 1.000 euros en tu cuenta. Te debates entre invertirlo en un depósito al 3% o en un fondo de bolsa (rentabilidad esperada media del 8% anual).

Veamos qué pasa al cabo de 40 años:

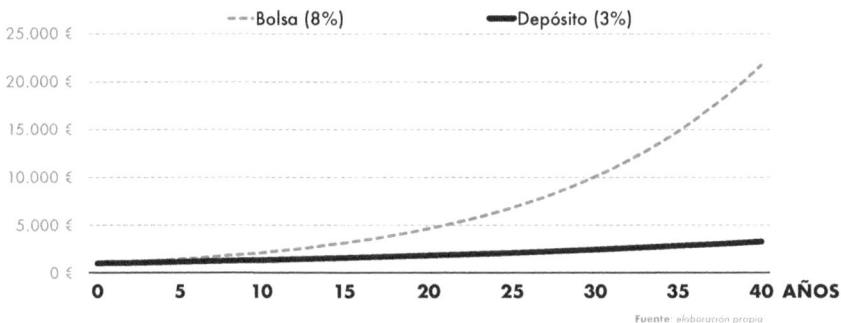

Al cabo de 5 años, la diferencia es pequeña (algo más de 200 euros, un 20%). Tras 10 y 20 años se va ampliando la brecha. Pero, mira lo que ocurre después de 40 años. El INTERÉS COMPUESTO despliega todo su poder y, si hubieras invertido en bolsa, tendrías **20.115 euros**, 20 veces MÁS que la inversión inicial de 1.000 euros. Y, más importante, tendrás **6,4 veces MÁS** dinero que quien eligió la conservadora opción del depósito. ¡20.115 euros frente a **3.167 euros**! Parece mentira, ¿verdad? Está a tu alcance. Únicamente necesitas tiempo y, sobre todo, EMPEZAR. **Ayer era el día perfecto. Hoy es el segundo mejor día para empezar.**

Esto son, "únicamente", 1.000 euros invertidos puntualmente. Imagínate lo que puedes hacer destinando una cantidad (por ejemplo 100 o 200 o 500 euros) TODOS los meses de tu vida. Pues, como te decía, MILLONES de euros si esperas el tiempo necesario (más sobre esto en el capítulo 5).

4. "Todo esto suena muy bien, pero la gente pierde en bolsa y yo no quiero perder dinero."

Entiendo tu preocupación. ¿Por qué pierde "la gente" en bolsa?

Por tres motivos principales:

1. **Quienes pierden no tienen un plan.** Van a la deriva, cambiando su estrategia varias veces a lo largo del año. No tienen disciplina. Leen la prensa, ven la recomendación de un "experto" y se creen los próximos gurús, más listos que nadie.

2. **Actúan sólo en el corto plazo e irracionalmente:** compran unas acciones y, si les va bien, las venden a los dos meses tras ganar un mísero 10%. Pero cuando pierden, mantienen las pérdidas hasta que son demasiado dolorosas y acaban perdiendo entre un 50% y un 95%.

3. **Quieren forrarse en un par de meses.** Dar el pelotazo.

Todo esto lo sé de primera mano, porque yo he cometido exactamente estos errores y es el caso típico de quien se aficiona a la bolsa (el mayor casino del mundo para quien no la utiliza correctamente). Tuve que perder el 95% de mi dinero para empezar a enterarme de cómo funciona este mundillo.

Pero… te voy a contar un secreto: si tienes un plan (el que te propongo, por ejemplo) e inviertes a largo plazo (20 años como mínimo), es casi IMPOSIBLE que pierdas dinero en bolsa. Esto no me lo estoy inventando. Los datos están ahí. En ningún período de más de 10 años de la historia (ni siquiera, aunque tengas la mala suerte de invertir en el punto más alto, justo antes de la explosión de una burbuja) se ha perdido dinero en bolsa (americana).

Rendimiento S&P 500 1932-2022

Espera (años)	Peor escenario		Mejor escenario	
	Inversión inicial	Capital final	Inversión inicial	Capital final
1	100$	63$	100$	154$
5	100$	68$	100$	351$
10	100$	87$	100$	622$
15	100$	186$	100$	1.346$
20	100$	298$	100$	2.684$
25	100$	630$	100$	5.342$

Fuente: *Un paseo aleatorio por Wallstreet* + Elaboración propia para para años recientes (S&P 500 Total Return)

¿Qué quiere decir esto? Esto quiere decir que el tiempo "elimina" el riesgo de la bolsa (más sobre esto en el capítulo 4). Es decir, estamos ante un producto "garantizado a largo plazo", pero con unas rentabilidades medias espectaculares (8% anual).

Fíjate en la tabla anterior, si hubieras invertido 100$ y esperado 25 años, habrías obtenido COMO MÍNIMO 630$, multiplicando por 6x tu inversión inicial. Eso en el peor de los casos. Y en el mejor período, en el mejor escenario, tus 100$ se habrían convertido en 5.342$, multiplicando por más de 50x la inversión inicial. Espectacular, ¿no crees?

5. "Soy JOVEN, quiero disfrutar de mi dinero AHORA."

Exacto, ¡magnífico! Eso es exactamente lo que quiero transmitirte. Es justamente lo que yo pienso. Ser **rico de verdad** no depende sólo del dinero que tengas. Depende de que seas capaz de disfrutarlo. Y cuando eres joven se disfruta más, las cosas como son.

Y eso es precisamente lo que te propongo: <u>calcula cuánto tienes que invertir para jubilarte tranquilo, automatízalo (haz de ello una factura más) y DEDÍCATE A DISFRUTAR con el resto</u>. Sin ningún remordimiento. Sin preocuparte por tu jubilación. Todo lo que quede después de pagarte a ti mismo es 100% tuyo. Puedes gastarlo en cenas de 100 euros, en viajes extravagantes, donarlo o usarlo para empapelar tu dormitorio… ¡lo que quieras! Con la seguridad de que has pagado la factura importante: la de tu futuro.

6. "Yo NO necesito invertir: ya contribuyo a la Seguridad Social para que me pague una pensión de jubilación"

Si estás convencido de que las arcas públicas serán capaces de soportar la demografía tan adversa que se nos viene encima y que la pensión que recibirás por parte del Estado será suficiente para ti, entonces, adelante: ¡gástatelo todo AHORA!

Pero, si por el contrario: tienes dudas sobre la sostenibilidad del sistema… O simplemente quieres ser INDEPENDIENTE de Papá Estado y poder jubilarte antes de la edad que te impongan… En ese caso, **sigue leyendo**.

Capítulo 4

Sin pelos en la lengua: separando el grano de la paja en la industria financiera

"El mercado bursátil es un gran casino donde las probabilidades están manipuladas a favor de los jugadores."

Oskar Morgenstern

Invertir en bolsa no es una opción, ¡es OBLIGATORIO!

Te voy a contar un secreto: Los humanos **NO** somos seres racionales. Tenemos más miedo a la pérdida que deseo de ganancia. La evolución nos ha hecho aversos al riesgo: durante millones de años hemos desarrollado una fuerte emoción de miedo. Hasta hace relativamente muy poco, el ambiente estaba lleno de peligros como la posibilidad de ser atacados por depredadores o de sufrir la falta de comida… El incentivo para sobrevivir era muy poderoso y los errores salían caros.

Imagina que dos *Homo Sapiens* escuchan un ruido en el bosque. Uno de ellos se detiene a mirar qué ocurre y muere por la mordedura de la serpiente venenosa que se escondía tras los matojos. El otro individuo huye y salva su vida.

Asumir que siempre había una amenaza detrás de los arbustos y huir salvaba vidas. El coste de "pensar mal" era mínimo. Nuestros antepasados aprendieron por prueba y error que el comportamiento óptimo era evitar el riesgo. Y hoy seguimos predispuestos a ello porque la evolución necesita de miles de años para perfeccionar las especies. No hay duda de que evolucionaremos e iremos perdiendo gradualmente esta aversión al riesgo, pero te aseguro que ni tú, ni yo, ni nuestros nietos lo verán. ¡Adelántate a tu tiempo!

Un ejemplo moderno de irracionalidad y aversión al riesgo

Apuesto a que en tu armario hay alguna prenda cara y de calidad, que te gusta mucho. Con esta ropa te sientes especialmente bien, rindes más en el trabajo/estudio y cuando te la pones, te motivas automáticamente.

Y, sin embargo, rara vez la usas. La guardas para "ocasiones" especiales. Cuanto más cara y apreciada sea la prenda, menos la usas. Lo mismo ocurre con las joyas o con los relojes. E incluso con los coches.

Esto es absolutamente irracional (aversión al riesgo). Muy humano. Nos da miedo que se rompa, que se manche o que se estropee.

Es decir, gastamos mucho dinero en algo que vamos a utilizar muy poco. Y usamos intensivamente lo barato, cutre y desgastado "por si acaso". ¿Por si acaso qué?

Estarás de acuerdo en que lo "racional" sería exprimir al máximo lo mejor que tengamos y que nos hace "felices", que saca lo mejor de nosotros. En otras palabras, deberías llevar siempre tus mejores ropajes...

En resumen: somos irracionales y tenemos un miedo al riesgo que ya no es útil en los tiempos modernos para sobrevivir. Por eso nos da miedo la bolsa.

Pero...**la bolsa es el activo más rentable históricamente. Es un hecho.**

Echa un vistazo a este gráfico:

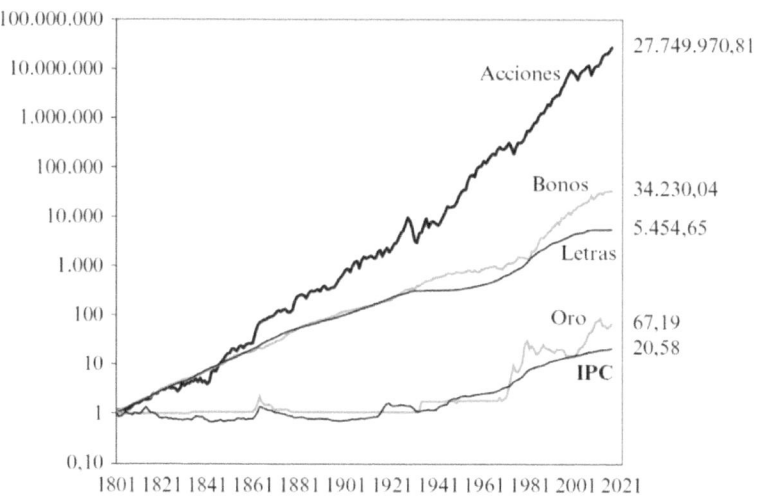

Fuente: Siegel, *Stocks for the Long Run*, 5.ª ed.

La gráfica muestra el crecimiento de 1 dólar desde el año 1800 hasta nuestros días. Sobran las palabras, ¿no te parece? Si hubieras invertido $1 en oro, hoy tendrías $67, si hubieras elegido los bonos tendrías más de $34.000...

¿Y si tu tatarabuelo fue aquel "loco" que decidió invertir un dólar, ¡un mísero dólar (1$ de 1800 es equivalente a 20,58$ de hoy en día) !, en acciones?

Pues entonces, querido amigo, hoy serías MULTIMILLONARIO. **¡Casi 28 millones de dólares en tu bolsillo** (equivalentes a 1,3 millones de $ del año 1800)!

Es lo que tiene invertir donde nadie quiere, "arriesgarse" racionalmente y dejar al interés compuesto desplegar toda su magia durante 200 años.

Por eso te digo que estar invertido en bolsa es obligatorio. Hay demasiado que ganar. Nuestra tendencia natural a evitar el riesgo nos puede salir demasiado cara. Lo racional es invertir el dinero que NO necesites a corto plazo en aquel lugar donde se ha demostrado que más crece: **en bolsa**.

¡Que no te engañen!

Todas las inversiones se rigen por **el triángulo de la rentabilidad-liquidez-seguridad.** Para conseguir "más" de una de estas tres propiedades hay que perder de una de las otras dos.

Por ejemplo, una cuenta corriente tiene 100% de liquidez (perfecto), prácticamente 100% de seguridad (perfecto), pero 0% de rentabilidad (muy mal).

Si queremos ganar algo de rentabilidad (digamos un 1%) deberemos contratar un depósito a plazo, pero a cambio de perder algo de liquidez (nos comprometemos a no retirar el dinero durante un tiempo).

Si queremos todavía más rentabilidad (digamos 8%) podemos invertir en bolsa, pero entonces tenemos riesgo de perder dinero (se pierde seguridad").

1926-2020	Rendimiento anual	Riesgo (volatilidad)
Acciones de pequeñas empresas	11,9%	28,1%
Acciones de grandes empresas	10,3%	18,7%
Bonos de empresa a largo plazo	5,9%	8,5%
Letras del tesoro USA	3,3%	3,1%

Fuente: *Un paseo aleatorio por Wallstreet*

Esta tabla lo demuestra: a mayor riesgo/volatilidad (menor seguridad de la inversión), mayor rendimiento esperado.

Y esto ocurre con TODAS las inversiones. Hay ocasiones en las que "parece" que podemos saltarnos esta ley universal y creemos estar ante una "ganga": "un depósito, a priori sin apenas riesgo, que ofrece el 8% de rentabilidad." ¿Es posible? Durante un tiempo parecía que sí. Luego se descubrió que ese depósito que parecía la panacea, se llamaba *preferente* y sí tenía riesgo. Y mucho. Y además encubierto.

Algo parecido es lo que sucedió con los pagarés de Nueva Rumasa que se anunciaban en televisión. Allá por 2009, cuando los bancos no pagaban más de un 2-3% de intereses por un depósito, una empresa "sólida y diversificada", con "más de 1.500 millones de euros de facturación" y que agrupaba "marcas líderes como Clesa, Dhul o Cacaolat" ofrecía hasta un 10% de intereses. "Una inversión segura y rentable, 100% garantizada". Al menos, eso decía el spot publicitario. Algo no encajaba…

… y el resto es historia. La empresa se declaró en quiebra y los inversores perdieron su dinero.

Es decir, **siempre que te ofrezcan algo que ofrece mucha rentabilidad considerando la liquidez y riesgo que conlleva, DESCONFÍA**.

Únicamente hay dos formas de saltarse este principio de la inversión:

1. **Tienes mucho dinero** (por encima de 1 millón de euros) y, por tanto, acceso a mejores productos (mejor ecuación rentabilidad-seguridad-liquidez) que el común de los mortales.

2. **Tienes mucho TIEMPO** por delante para invertir. Ésta es la clave para el pequeño inversor como tú y como yo. El tiempo "erosiona" el riesgo de la bolsa. Así podrás tener un producto "sin (mucho) riesgo", que rinde al 8% anual (históricamente).

Rendimiento S&P 500 1932-2022

Espera (años)	Peor escenario		Mejor escenario	
	Inversión inicial	Capital final	Inversión inicial	Capital final
1	100$	63$	100$	154$
5	100$	68$	100$	351$
10	100$	87$	100$	622$
15	100$	186$	100$	1.346$
20	100$	298$	100$	2.684$
25	100$	630$	100$	5.342$

Fuente: *Un paseo aleatorio por Wallstreet* + Elaboración propia para para años recientes (S&P 500 Total Return)

Esta tabla es absolutamente **clave** para entender la filosofía de este libro. Por eso es ya la segunda vez que te la enseño a lo largo del libro. Te animo a que la imprimas y la pongas a la vista hasta que te convenzas de que es obligatorio invertir en bolsa.

Como puedes ver en la tabla, si inviertes a un año vista, te puedes encontrar desde ganancias de un +54% (100$ se convierten en 154$) hasta pérdidas de -37% (100$ se convierten en 63$). Es decir, mucho riesgo, mucha volatilidad. Por eso se dice, con razón, que *"no debes invertir el dinero que vayas a necesitar a corto plazo"*. Porque puedes perder. Y mucho.

Si amplías tu horizonte de inversión a 10 años, el asunto mejora: en el peor de los períodos de 1932-2022 sólo hubieras perdido 13$ de cada 100$ invertidos, lo cual ya empieza a ser bastante asumible.

Pero la magia de todo este asunto se manifiesta completamente en PERÍODOS más LARGOS: echa un vistazo a la última fila de la tabla. **Si estás dispuesto a mantener tu inversión durante 25 años la historia está de tu parte.** En el peor de los casos. Repito: en el PEOR de los casos, "sólo" habrías ganado 530$ por cada 100$ invertidos (+530% de rentabilidad total o un 8% de rentabilidad media anual).

Y de ahí hasta el espectacular +17% anual de la mejor racha de 25 años para la bolsa (+5.000%): 100$ se convierten, tras 25 años, en más de 5.000$. *¡Wow!*

Rendimiento de 100$ invertidos en S&P 500 (incluye dividendos)

Periodo		V. Final	Periodo		V. Final	Periodo		V. Final	Periodo		V. Final
1930	1955	1.225$	1950	1975	1.149$	1970	1995	1.785$	1990	2015	1.039$
1931	1956	2.304$	1951	1976	1.149$	1971	1996	1.921$	1991	2016	892$
1932	1957	2.239$	1952	1977	901$	1972	1997	2.156$	1992	2017	1.010$
1933	1958	2.081$	1953	1978	969$	1973	1998	3.249$	1993	2018	877$
1934	1959	2.366$	1954	1979	753$	1974	1999	**5.343$**	1994	2019	1.138$
1935	1960	1.611$	1955	1980	758$	1975	2000	3.536$	1995	2020	979$
1936	1961	1.527$	1956	1981	675$	1976	2001	2.516$	1996	2021	1.025$
1937	1962	2.142$	1957	1982	922$	1977	2002	2.114$	1997	2022	**630$**
1938	1963	2.009$	1958	1983	787$	1978	2003	2.555$			
1939	1964	2.350$	1959	1984	748$	1979	2004	2.392$			
1940	1965	2.926$	1960	1985	980$	1980	2005	1.892$			
1941	1966	2.978$	1961	1986	917$	1981	2006	2.304$			
1942	1967	3.064$	1962	1987	1.057$	1982	2007	2.000$			
1943	1968	2.705$	1963	1988	1.003$	1983	2008	1.028$			
1944	1969	2.067$	1964	1989	1.134$	1984	2009	1.225$			
1945	1970	1.576$	1965	1990	978$	1985	2010	1.069$			
1946	1971	1.960$	1966	1991	1.418$	1986	2011	919$			
1947	1972	2.204$	1967	1992	1.230$	1987	2012	1.014$			
1948	1973	1.785$	1968	1993	1.219$	1988	2013	1.149$			
1949	1974	1.103$	1969	1994	1.352$	1989	2014	994$			

Fuente: *elaboración propia, datos S&P 500 Total Return*

Fuente: elaboración propia con los datos histórico del índice S&P 500 Total Return (que tiene en cuenta los dividendos cobrados).

La ganancia media a largo plazo (25 años) está en torno al +11,3% anual.

Sin embargo, verás que a lo largo del libro prefiero ser conservador y utilizar la rentabilidad mínima histórica en largos períodos de 25 años (+7/8%, ver siguiente gráfico).

Por si acaso los siguientes años son peores. Algo que, en cualquier caso, NO hay motivos para pensar.

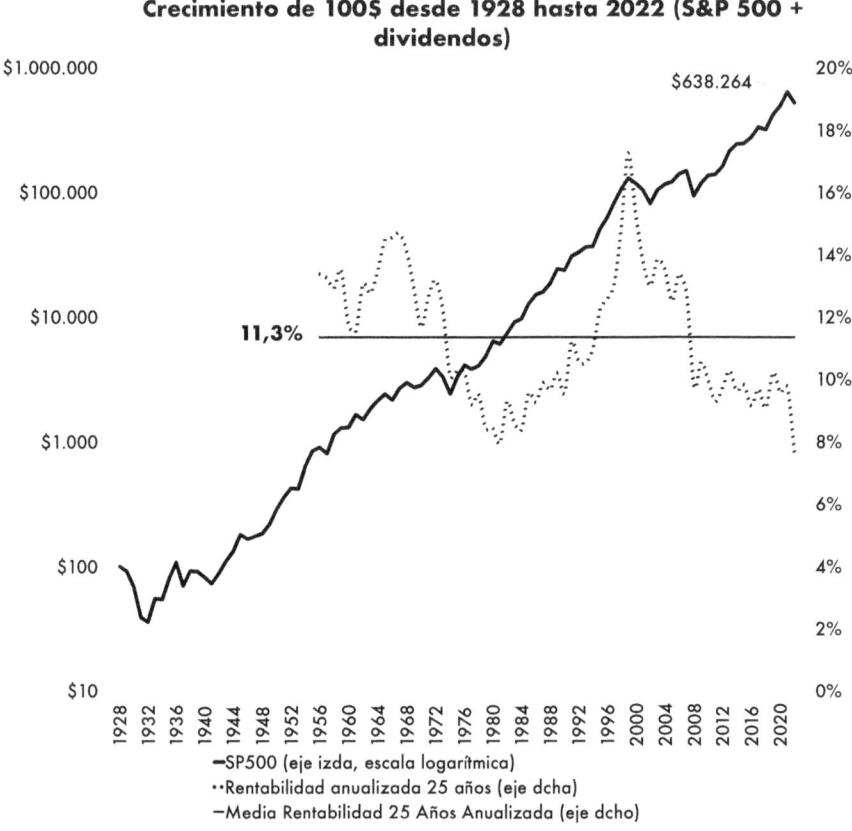

Fuente: elaboración propia con los datos histórico del índice S&P 500 Total Return (que tiene en cuenta los dividendos cobrados).

Para profundizar en la potencia de la tabla y gráficos anteriores, puedes echar un vistazo a mi *Masterclass* gratuita 'Invertir sin ser un experto', donde lo explico con más detalle (en vídeo). Si aún no lo has hecho, puedes ir a *www.carlosgalan.net* y acceder gratis al «Kit de Recursos» *Independízate* completo, que incluye esta *masterclass*.

¿Y si estalla la Tercera Guerra Mundial? ¿Y si el comunismo se apodera del mundo? ¿Y si ocurre lo mismo que en Japón?

Soy consciente de que te he presentado una visión parcial del mundo de la bolsa. He centrado el análisis en el mercado americano. No lo hago por capricho. Son los únicos datos a largo plazo de los que disponemos. En España, por ejemplo, sólo tenemos datos desde 1991: desde entonces, el IBEX ha rendido aproximadamente un 8% (incluyendo dividendos). Es decir, una rentabilidad similar a la del mercado estadounidense.

El caso del DAX 30 alemán o del Nikkei 225 japonés es similar: rentabilidades del 8% a largo plazo. Como ves 100 euros se convierten en varios cientos e incluso miles después de unos cuantos años.

	Índice	País	R. anual	Inversión	Valor final
1991-2022	IBEX 35 con dividendos	España	7,4%	100 €	919 €
1988-2022	DAX 30	Alemania	8,1%	100 €	1.392 €
1960-2022	DAX 30*	Alemania	6,0%	100 €	3.743 €
1950-2022	Nikkei 225	Japón	7,9%	100 €	23.722 €

* El índice DAX 30 comienza en 1988.
  Las cotizaciones anteriores son estimaciones de la "Statistisches Bundesamt"

Evidentemente hay excepciones: el propio Japón sufrió una severa crisis desde finales de los años 80 y su índice bursátil, el Nikkei 225, todavía perdía un 35% de su valor 25 años después. Es decir, incluso a largo plazo se puede perder si no se diversifica suficientemente. Por eso, como te cuento en el siguiente capítulo, **recomiendo invertir e invierto en el mundo ENTERO: diversifico totalmente**.

¿Qué pasa si el mundo se hunde?

Que no te quepa la menor duda de que la inestabilidad política mundial continuará. Siempre hemos vivido en continua tensión y nada indica que la cosa vaya a cambiar. Si hay una gran guerra, las bolsas mundiales caerán. Durante unos años parecerá que el fin del mundo está cerca. Y después, irremediablemente las aguas volverán a su cauce, la economía comenzará a crecer vertiginosamente al calor de la necesaria reconstrucción y las bolsas vivirán un período alcista sin precedentes.

Y si resulta que el mundo, esta vez sí, se hunde o el comunismo se impone... entonces el dinero que pierdas en bolsa no importará en absoluto.

¿Es 100% seguro que la bolsa subirá a largo plazo?

A pesar de la evidencia histórica, que quede claro, **NO es seguro que la bolsa siempre suba.** Lo único seguro en esta vida son la muerte y los impuestos. Ahora bien, si diversificas mundialmente es (casi) IMPOSIBLE que pierdas dinero a largo plazo (25 años).

Y si estás perdiendo, podemos estar seguros de que el mundo está muy, muy mal. Y, por tanto, seguramente, la bolsa habrá sido un buen refugio para tu dinero. Ten en cuenta que, **cuando inviertes en bolsa, inviertes en negocios, en empresas.** Y las empresas son competitivas por definición y se adaptan muy rápido a los cambios del mercado.

Si las cosas van mal, algunas empresas quebrarán, pero otras saldrán reforzadas y nuevas oportunidades surgirán. En un marco capitalista, la empresa siempre gana.

Evidentemente nadie sabe lo que va a pasar y el hecho de que no lo hayamos visto en el pasado no quiere decir que algo no pueda suceder en el futuro, pero los datos y el razonamiento están ahí. Desde 1930 hemos visto el gran crack del 29, la Segunda Guerra Mundial, la guerra fría, la crisis del petróleo, la crisis de las puntocom y la crisis global reciente (2007-2010). Bastante movimiento. Y aun con todo, la bolsa se ha repuesto una y otra vez, fiel a su naturaleza resiliente.

TÚ DECIDES.

Invertir en bolsa: una decisión racional

Este asunto me recuerda a la famosa apuesta de Pascal sobre la decisión de si creer o no en Dios.

Si simplificamos el debate sobre la existencia de Dios a una simple cuestión de interés y practicidad, lo racional es creer que Dios existe. No se pierde nada (o algo de tiempo yendo a misa y rezando) y la recompensa es muy suculenta. Si realmente existe, el premio es el cielo eterno. Desde esta perspectiva, lo inteligente sería tener fe en la existencia de Dios.

Bien, algo parecido pienso en cuanto a si invertir en bolsa (empresas) o no. En un sistema capitalista, las empresas salen ganando. Por tanto, si seguimos viviendo en un mundo capitalista (lo más probable), ganaremos invirtiendo en empresas. Y en caso de que el mundo cambie, entonces el dinero perdido no tendrá mucha importancia.

Poco que perder y mucho (muchísimo en el muy largo plazo) que ganar.

¿Por qué utilizar fondos de inversión?

Uno puede invertir en el mercado bursátil de infinitas formas: comprar acciones de las empresas directamente, futuros, opciones, fondos de inversión, ETF's (*Exchange Traded Funds*, son fondos que cotizan directamente en bolsa, como si fueran acciones, cambiando de precio cada segundo) etc. Bajo mi punto de vista, lo más eficiente son los fondos de inversión.

Nota: ¿Qué es exactamente un fondo de inversión?
Un fondo de inversión es una institución de inversión colectiva (IIC). Consiste en agrupar el dinero de muchos inversores con el objetivo de aprovechar las "economías de escala". Es decir, aprovecharse de un mayor tamaño y poder de inversión. Así es posible contratar un gestor profesional que se encargue de manejar las inversiones, diversificar y abaratar los costes.

¿Por qué creo que la forma más eficiente de invertir es a través de fondos de inversión? Por cuatro motivos:

1. **Permiten diversificar fácilmente.**
   Los fondos incluyen muchas acciones (normalmente no invierten más del 3% de la cartera en una sola empresa) y esta

diversificación evitará que te arruines como me pasó a mí cuando invertí todo mi dinero en Solaria.

2. **No tienen comisiones ni de compra ni de venta ni de mantenimiento**, por lo que podemos comprar en pequeñas cantidades (por ejemplo 20 o 50 o 100 euros) de forma periódica (mensualmente, por ejemplo).

3. **Reinvierten los beneficios y dividendos automática y gratuitamente**

4. Son eficientes **fiscalmente**:

   - *Doctor...*

   - *¿Podría usted observarnos mientras tenemos relaciones sexuales?*

   El médico queda un poco atónito, pero acepta. Cuando la pareja termina, el doctor les dice:

   - *No hay nada de malo en la forma como ustedes hacen el amor...*

   (Y les cobra 60€ por la consulta).

   Esto sucedió varias semanas seguidas. La pareja hacía una cita, llegaba, mantenía relaciones sexuales sin problemas, pagaba al doctor y salía.

   Finalmente, un día, el doctor les pregunta:

   - *¿Qué es exactamente lo que ustedes están buscando?*

   El paciente le dice:

   - *Ella está casada y no podemos ir a su casa. Yo estoy casado y no podemos ir a mi casa. El NH cobra 80€... El Meliá cobra 100€. Aquí lo hacemos por 60€. ¡Y el seguro médico me devuelve 50€!*

¿Qué podemos aprender de esta graciosa historia? ¡Que hay que aprender a esquivar (legalmente) a Hacienda! Es decir, aprovecharnos de las leyes para **pagar pocos impuestos.**

¿En qué se traduce esto? En utilizar la ventaja de los fondos de inversión. Y es que **los fondos son traspasables a otros fondos sin necesidad de tributar en el IRPF.**

Nota técnica: las plusvalías (ganancias) generadas por la compra venta de elementos patrimoniales (acciones, fondos y productos financieros en general) tributan integrándose en la base del ahorro (pagando en torno al 20% de impuesto, sobre la ganancia/plusvalía). La fiscalidad varía prácticamente cada año y es importante estar al corriente para planificar las inversiones.

Para incentivar la inversión y reinversión, **el gobierno español pone facilidades permitiendo que los fondos de inversión se puedan traspasar a otros sin necesidad de tributar.** En otros países (como Estados Unidos), estas ventajas fiscales se extienden a más productos (incluyendo las acciones), pero de momento en España sólo se benefician los fondos de inversión.

Para entendernos: supongamos que compras unas acciones del Santander a 6 euros y las vendes a 8 euros (quizá porque consideras que ya has ganado suficiente y ahora quieres comprar acciones de Telefónica). Primero deberás pagar por la plusvalía de 2 euros generada: aproximadamente un 20%, es decir, 40 céntimos por acción. Sin embargo, si compras un fondo a 6 euros y lo traspasas a otro fondo cuando su cotización alcanza los 8 euros (quizá porque consideras que ya se ha revalorizado lo suficiente y ves otro fondo con mayor potencial), la plusvalía quedará "latente" y todavía no pagas impuestos. Esto se puede retrasar "sine die", permitiendo que tu capital siga aumentando sin pasar por el fisco. A largo plazo esto es MUY importante porque se genera lo que se conoce como "efecto bola de nieve".

El efecto "bola de nieve", como ya hemos visto, consiste en lo siguiente: si tiramos una bola de nieve por una ladera nevada, ésta comienza a rodar y pequeños copos comienzan a adherirse, al principio de manera muy lenta, casi inapreciable. Pero al poco tiempo la bola empieza a ganar masa y velocidad cada vez más deprisa, de forma exponencial. Así hasta convertirse en una gran bola de nieve de varios kilogramos de peso rodando a toda velocidad ladera abajo.

Si compras y vendes acciones, pagando impuestos y comisiones continuamente, no haces otra cosa que retirar los pequeños copos de nieve, impidiendo que la bola crezca. Sin embargo, si utilizas fondos de inversión permites que la bola crezca hasta que resulta imparable.

Vamos a ver un **caso práctico**; tienes 1.000€ que inviertes en:

a) Acciones que vendes a final de cada año para comprar otras

b) Fondos de inversión que traspasas a final de cada año a otro fondo

La rentabilidad anual para ambos es del 8% (la rentabilidad media de la bolsa a largo plazo) y el impuesto sobre las plusvalías del 21%. Dejas pasar 40 años y este es el resultado…

	ACCIONES	FONDO	Diferencia
Valor inicial	1.000 €	1.000 €	
Valor final	11.604 €	**16.101 €**	**39%**

* Los valores finales son netos (los impuestos ya están descontados)

… ¡un 39% de diferencia! Una diferencia muy importante a favor del fondo de inversión, que no tributa por las plusvalías hasta el final, cuando es vendido. Miles de euros en juego. Tu objetivo, por tanto, es retrasar el pago de impuestos lo máximo posible. Y eso se consigue utilizando fondos de inversión en lugar de comprando y vendiendo directamente acciones.

Hilando fino: te presento los fondos indexados

Simplificando bastante, existen dos tipos de fondo, el **indexado** (bueno, bonito y barato) y el de **gestión activa** (caro y de calidad media/baja).

Nota técnica: antes de nada, es necesario aclarar el concepto de índice. Un índice bursátil agrupa las principales empresas cotizadas de un país, región o sector. Por ejemplo, el IBEX-35 es el índice de referencia en España e incluye las 35 mayores empresas españolas como Telefónica, Inditex o Banco Santander. El Eurostoxx-50, por su parte, es el equivalente europeo, incluyendo empresas como Carrefour, L'Oreal o Volkswagen. El índice más conocido del mundo es el S&P500 que recoge el comportamiento de las 500 empresas estadounidenses más importantes. La evolución de un índice refleja el "comportamiento medio del mercado" porque es una media del comportamiento de las empresas que lo componen. Si la mayoría de acciones americanas suben de precio, entonces el índice S&P500 sube. Se dice, entonces, que el "mercado americano" está subiendo.

Por simplificar, a todos los fondos de inversión se les asigna un índice de referencia; puede ser el IBEX-35 español, el DAX-30 alemán o un índice sectorial como el "STOXX 600 Automobiles & Parts", que recoge la evolución de empresas dedicadas al sector del automóvil como BMW o Michelin.

	TIPO DE FONDO	
	Gestión activa	**Indexado**
Objetivo	Intentar superar al índice	Replicar al índice
Filosofía	"Soy más listo que nadie"	"Lento pero seguro"
Responsable	Un gestor de renombre	Un ordenador
Costes de marketing	Altos	Muy bajos o nulos
Nº Operaciones	Muchas	Las mínimas
Rentabilidad bruta media	8%	8%
Comisión media	1,50%	0,30%
Comisión (% s/ rentabilidad)	19%	4%
Rentabilidad neta media	6,50%	7,70%
% que supera al índice a l/p	<5%	Siempre empatan
% que NO supera al índice a l/p	>95%	Siempre empatan

El **fondo indexado** (de "*index*" o índice) simplemente tiene como objetivo *replicar* a su índice de referencia y **lo consigue el 100% de las veces** (por ello, según dice la tabla, ni gana ni pierde vs. el índice). Para ello, los fondos indexados simplemente se dedican a comprar exactamente las mismas empresas que componen el índice: por ejemplo, el IBEX-35 está compuesto por 35 empresas. Pues el fondo indexado tiene en su cartera acciones de esas 35 empresas en la misma proporción que forman el índice. De esta manera, si el índice sube un 10%, el fondo indexado subirá un 10%. Y si el índice cae un 20%, el fondo caerá un 20%. Sin sorpresas. Simplemente "sigue al índice", se comporta exactamente igual. Es una "réplica" del mercado.

Es el fondo "de marca blanca". El fondo "genérico". El que todo el mundo desprecia porque asume que un mayor precio (mayores comisiones) siempre significa mayor calidad (mayor rentabilidad), algo que se ha demostrado completamente ilusorio, como veremos a continuación.

El **fondo de gestión activa** (como la mayoría de fondos comercializados por los grandes bancos) tiene como objetivo superar al índice de referencia. **Hay un gestor profesional que gestiona "activamente" las posiciones del fondo.** Es decir, hay un señor (que suele cobrar muy, muy bien) pendiente las 24 horas del mercado. Por esa gestión se paga un dinero (la media suele ser un 1,5% anual del patrimonio depositado en el fondo, independientemente de que ganes o pierdas, de si el gestor hace bien su trabajo o no). El objetivo es "batir al índice de referencia". Es decir, hacerlo mejor que "la media". Si el índice de referencia (el IBEX-35, el Eurostoxx-50 o el que corresponda) sube un 10%, el objetivo del gestor es conseguir más de un 10%, seleccionando únicamente las acciones del índice que suban más que la media y evitando las que lo hagan peor.

Reconozcámoslo, en teoría todo esto tiene sentido: hay un equipo profesional que está pendiente de tu dinero. Por tanto, hará las cosas bien y conseguirá que ganes más dinero, luego es justo que le pagues una comisión mayor (un 19% de la rentabilidad esperada vs. 4% en el indexado) por ello. Es decir, en teoría pagas más, pero merece la pena porque consigues mejores rentabilidades. Sin embargo... esto no es tan sencillo.

En primer lugar, de forma teórica, es IMPOSIBLE que los fondos de inversión gestionados activamente en su conjunto superen al mercado. ¿Por qué?

Supongamos que el 50% del dinero que hay en la bolsa está gestionado por fondos indexados (baratos, con una comisión del 0,3% anual) y el otro 50% por fondos de gestión activa (caros, con una comisión del 1,5% anual). Si el retorno medio anual histórico de la bolsa es el 8%, aquellos que optaron por el fondo indexado, obtendrán, de media un 7,7% anual (8% menos 0,3%). Los que optaron por el fondo de gestión activa obtendrán, de media, un 6,5% anual (8% menos 1,5%).

Siempre habrá algunos que elijan bien o tengan suerte y obtengan un 15% anual durante varios años (véase el caso de Bestinver desde los años 90 hasta 2014). Pero la media si te decantas por un fondo de "gestión activa" será un 6,5%, *"no hay tu tía"*, es matemática pura y dura. Por lo tanto, habrá gente que haya obtenido una rentabilidad muy baja (3% por ejemplo) o incluso haya perdido dinero. En otras palabras, todo aquel que no consiga acertar con uno de los 2 ó 3 mejores fondos (de entre cientos), está obteniendo menos que lo que conseguiría con un fondo indexado.

Resumiendo: <u>si eliges fondos de gestión activa empiezas con una clara DESVENTAJA estadística</u>.

Además, las gestoras de fondos "activos", que son muy listas, juegan con el "sesgo de supervivencia" (*survivorship bias,* en inglés). ¿Qué quiere decir esto?

¿Te acuerdas de cuando eras niño y "olvidabas" hablar de las malas notas, pero pregonabas orgulloso las buenas? Pues exactamente eso hacen las gestoras.

Si un fondo tiene un par de años malos, desaparece. Las gestoras lo cierran. Meten la basura bajo la alfombra. Con el paso del tiempo únicamente sobreviven aquellos fondos que lo hacen medianamente bien, los que consiguen ganar más dinero que el mercado. Y, por supuesto, las estadísticas se elaboran con los datos disponibles: ¡únicamente de los fondos buenos, los que aún viven! Y estos fondos pueden ser buenos por simple estadística. Es perfectamente posible que hayan sobrevivido por azar y no por su calidad ¿Te das cuenta ahora de la perversión de este negocio? NUNCA te fíes de los datos de un folleto que te ofrezcan en el banco.

¿Empiezas a entender cómo funciona esta industria? No importa que los productos sean malos. Cuando se descubra, la comisión ya estará cobrada y a salvo. La reputación se lava con un poco de marketing inteligente y la rueda continúa girando.

Como hemos visto, si eliges un fondo de gestión activa "medio" estarás perdiendo dinero vs. la opción del fondo indexado:

	Rent. Anual 1992-2017
Índice S&P 500	9,69%
Fondo de inversión medio	8,55%
Ventaja del índice	1,14%

Fuente: Lipper y Vanguard. "Un paseo aleatorio por Wallstreet"

Aquí tienes los datos empíricos: el índice (en este caso el S&P 500 norteamericano) rinde 1,14 puntos porcentuales más que el fondo medio. Es decir, si decides invertir en un fondo "activo" en lugar de uno "indexado", te están robando dinero. 1,14% no parece mucho. Pero a largo plazo esto es mucho, muchísimo dinero. Recuerda el "efecto bola de nieve".

Ejemplo práctico:

Imagina que Juan, de 25 años invierte 100 euros mensuales (la cifra es un mero ejemplo, no implica que tú debas invertir la misma cantidad) hasta su jubilación, a la edad de 65 años. Elige utilizar un fondo de gestión activa, con una comisión del 1,5% anual (que, no olvidemos, representa el 19% de la rentabilidad esperada del 8%).

Pablo, por su parte, hará lo mismo, pero ha leído este libro y opta por un fondo indexado, con una comisión mucho menor, del 0,3% anual (representa sólo el 4% de la rentabilidad esperada del 8%).

Supuesto: La rentabilidad media de la bolsa es del 8%. Como hemos visto anteriormente, Juan obtendrá una rentabilidad neta del 6,5% (8%-1,5%) mientras que Pablo obtendrá un 7,7% (8%-0,3%).

Año	Edad	JUAN	PABLO	Diferencia	Dif (%)
5	30	9.027 €	9.410 €	382 €	4%
10	35	19.645 €	21.171 €	1.527 €	8%
20	45	54.122 €	62.911 €	8.790 €	16%
30	55	118.840 €	150.553 €	31.713 €	27%
39	64	224.458 €	309.453 €	84.996 €	38%

Fuente: *Elaboración propia*

¡Sorpresa! Pablo dispone de 85.000 euros más que Juan. ¡Una diferencia nada desdeñable! Un 38% de diferencia. Para pensárselo dos veces.

¿Quieres parecerte a Pablo o a Juan?

Nota: extrapolar las cantidades de la tabla es sencillo. Hemos supuesto 100€ de inversión, pero si quieres conocer cuánto obtendrías si inviertes 50€, multiplica las cantidades obtenidas por 0,5. Si quieres conocer cuánto obtendrías invirtiendo 400€, multiplícala por 4. Y así sucesivamente.

Huye de la avaricia. No intentes encontrar el fondo estrella.

Es posible que cuando te decidas a invertir pienses: *"Le voy a dejar mi dinero al MEJOR gestor. Él me hará ganar más porque es EL MEJOR"*. Puede que este razonamiento funcione en otros campos, pero desde luego no puede aplicarse en el mundo de la inversión.

¿Cómo vas a identificar al mejor? ¿Qué criterio vas a utilizar?

Para identificar a un buen gestor, uno por el que merezca la pena pagar más (¡cinco veces más!), deberás tener un conocimiento igual o mayor que él sobre inversiones. Y si ése es tu caso no tendría sentido pagar para que alguien haga lo que tú sabes hacer mejor.

La gente se guía por "las rentabilidades pasadas" o *"track record"*. Muchos piensan: *"Si este fondo ha ganado más que la media durante los últimos 5 o 10 años, es bueno, y, por tanto, seguirá batiendo al mercado en el futuro. Confiaré en él."*

Te voy a dar un disgusto: **¡esto NO es cierto!**

	Rentabilidad media anual	
	Años 70	Años 80
20 mejores fondos de los 70	19,0%	11,1%
Media general de los fondos	10,4%	11,7%

Fuente: *Un paseo aleatorio por Wallstreet*

Durante la década de los años 70, los 20 mejores fondos ganaron un 19% anual, mucho más que el 10% medio. El inversor ingenuo pensó: *"Esto no puede ser casualidad. Si han ganado un 19% al año durante 10 años, seguirán obteniendo mejores rentabilidades"*.

¡Pues NO! Durante la siguiente década obtuvieron una rentabilidad similar (incluso algo inferior) a la del mercado.

¿Qué pasó durante la década de los 90? La misma historia:

	Rentabilidad media anual	
	Años 80	Años 90
20 mejores fondos de los 80	18,0%	13,7%
Rendimiento del SP 500	14,1%	14,9%

Fuente: *Un paseo aleatorio por Wallstreet*

En la misma línea puedes ver que a largo plazo (15 años) muy pocos fondos (menos del 8%) consiguen hacerlo mejor que su índice de referencia:

% de Fondos superados por su índice de referencia			
	1 año	5 años	15 años
Fondos de gran capitalización vs S&P 500	63%	84%	92%

Fuente: Informe SPIVA de S&P, marzo 2018 / *Un paseo aleatorio por Wallstreet*

¿Aún quieres más?

El reputado gestor estadounidense Bill Miller parecía invencible en 2005 cuando llevaba 15 años consecutivos batiendo al mercado. Durante los siguientes 5 años su fondo fue un desastre: perdió un 36% mientras que el índice subió un 13%.

Todos estos datos se refieren al mercado estadounidense pero no pienses que en España/Europa las estadísticas son diferentes. Si quieres, puedes echar un vistazo al estudio (lo encontrarás rápidamente en Google) de Pablo Fernández y Pablo Linares (IESE Business School) sobre la rentabilidad de los fondos de inversión en España desde 2001 a 2016.

Las **principales conclusiones** del estudio son:

La rentabilidad media de los fondos de inversión en España en los últimos 15 años (2,32%) fue inferior a la inversión en bonos del estado español a 15 años (5,27%) y a la inversión en el IBEX 35 (5,24%).

Sólo 29 fondos (un 5% del total) de los 632 con 15 años tuvieron una rentabilidad superior a la de los bonos del estado a 15 años y a la del IBEX 35. 28 tuvieron rentabilidad negativa.

Resumiendo:
Un fondo de inversión a priori "magnífico" durante 10 años será probablemente un fondo medio durante los siguientes 10. Yo personalmente empezaría a estar relativamente seguro de la calidad de un fondo después de, al menos, 20 años de "muy buenos resultados". Pocos fondos aguantan en la cresta de la ola durante tanto tiempo.

Pero alguno hay. Sin embargo, llegados a este punto creo que el riesgo de invertir en ellos ya no compensa su espectacular rentabilidad anterior. Es posible que la magia del gestor esté próxima a agotarse después de tantos años de éxito (no sería la primera vez). También es probable que el gestor ya esté a punto de jubilarse.

Además, el éxito del fondo habrá atraído mucho dinero. Y ya sabemos lo que pasa cuando hay mucho dinero de por medio: Problemas. ¿Qué ocurrió en 2014 con Bestinver (el fondo más exitoso en España durante los últimos 20 años)? Pues exactamente eso. Problemas entre la empresa (Grupo Acciona) y el gestor estrella del fondo (Francisco Paramés), que provocaron su marcha.

Muriendo de éxito:

En muchas ocasiones, **los fondos con mejores resultados tienen una ventaja competitiva: se especializan en un nicho de mercado con poca competencia.** Se dedican a las acciones menos seguidas por las masas. Es decir, compran empresas pequeñas infravaloradas a las que el mercado no presta atención y esperan a que suban. Así consiguen rentabilidades muy por encima de la media.

¿Pero qué ocurre si tienen mucho éxito? Pues que muchos inversores acuden a ellos, atraídos por las buenas rentabilidades pasadas. Y cuando el gestor debe invertir cada vez más dinero de los nuevos partícipes ya no puede usar la misma estrategia porque no hay suficiente volumen en el mercado. Pierde su ventaja competitiva. Y entonces la rentabilidad de estos fondos cae. Y, además, las comisiones de estos fondos estrella (2-3%) son mucho mayores que las de la media (1,5%), agravando las posibles consecuencias.

Incluso en el hipotético caso de que te garantizasen que, informándote durante todos los días durante una hora (leyendo periódicos especializados y foros), serás capaz de encontrar año tras año fondos buenos y permanecer en la cresta de la ola, ¿lo harías?

Todo tiene un coste: el primero es la preocupación. Siempre vivirás con la angustia de que tu fondo estrella se convierta en una catástrofe en los próximos meses. Y segundo y más importante, estarás perdiendo mucho tiempo: 365 horas al año. Este tiempo tiene un valor irrecuperable (económico o no) que estás perdiendo. Tú decides.

¿Quiere todo esto decir que no hay NADIE capaz de batir al mercado durante largos períodos?

No seré yo quien diga eso. De hecho, pienso que sí hay gestores que realmente merecen la pena y conseguirán dar rentabilidades estratosféricas, muy por encima de las del mercado. Y de entre ellos, unos lo conseguirán por azar y otros por sus habilidades. Pero... nunca estaremos seguros de su capacidad. Y nunca sabremos cuándo dejarán de cumplir.

El riesgo de equivocarse es demasiado alto. En un 99% de los casos vas a elegir mal. Así que **elige la opción MEDIOCRE, el fondo indexado**. Una mediocridad que "garantiza" un 8% anual. **Sin esfuerzos ni preocupaciones.**

Bendita mediocridad...

Si no puedes con tu enemigo, únete a él. Aprende a usar la psicología a tu favor

Supongo que a estas alturas empiezas a darte cuenta de que este libro parece tratar sobre finanzas, pero en realidad habla de psicología.

¿Te has dado cuenta de que nos acostumbramos bastante rápido a los cambios?

Después de décadas de penurias, encadenamos unos años de rápido crecimiento económico y pensamos que somos los reyes del mundo, que jugamos en la "Champions League".

Nos suben el sueldo un X%, nos alegramos el primer mes y al segundo volvemos a nuestro estado original de felicidad.

Si mañana te suben el sueldo, quizá te mudes a un piso algo mayor o contrates una televisión de pago que nunca tendrás tiempo de utilizar. Simplemente habrás aumentado tus gastos proporcionalmente y todo seguirá igual. Tu vida no habrá mejorado realmente. Incluso, en los buenos tiempos, un aumento de sueldo podía llegar a ser incluso contraproducente, empujándote a deudas.

¿Qué podemos aprender de esto? ¿Cómo utilizar este sesgo psicológico en nuestro propio beneficio?

En primer lugar y relacionado con la inversión: **utiliza un sistema AUTOMÁTICO** para invertir (más adelante te cuento cómo implementarlo). Un sistema que, literalmente, te quita el dinero el día después de cobrarlo. Es como si nunca lo hubieras tenido. Como un impuesto, como una factura. Quizá el primer mes te "duela" esta "bajada de sueldo", pero te acostumbrarás en poco tiempo. Porque somos así, nos adaptamos rápido. Está en nuestra naturaleza.

En segundo lugar, recuerda: si tienes la suerte de obtener una subida de sueldo en el futuro, **mantén la cabeza fría**. Date un capricho (puntual) pero no aumentes tus gastos mensuales (recurrentes). No te cambies a un piso más grande si no lo necesitas. No te compres un coche caro que realmente no quieres. Destina toda o la mayor parte de la subida a tu plan de inversión y acércate un poco más a la libertad financiera.

El mundo al revés: ¡alégrate si tus inversiones caen en bolsa!

Imagina que empiezas a invertir HOY. Y justo hoy, los peores augurios se cumplen, la inestabilidad mundial aumenta y las bolsas comienzan un ciclo bajista sin precedentes. Los telediarios abren informando de las fuertes bajadas día sí y día también. Al cabo de un año estás perdiendo la mitad de lo invertido. Empiezas a dudar. ¿Deberías vender ahora y esperar tiempos mejores? Las perspectivas no pueden ser peores. *"¡El mundo se hunde! Esta vez es diferente."*

Deja que te **diga 2 cosas**:

1. Esta vez **NO ES DIFERENTE**. Las aguas volverán a su cauce tarde o temprano y la bolsa recuperará los niveles anteriores tarde o temprano (y normalmente antes de lo previsto).

2. **Las caídas fuertes son la mejor noticia para el inversor paciente, inteligente y CON UN PLAN de inversión a largo plazo.** Y no lo digo yo, lo dice el mismísimo Warren Buffet:

"Si tienes pensado comer hamburguesas durante toda tu vida y no eres ganadero, ¿qué preferirías, que suba el precio de la ternera o que baje?

Si vas comprar un coche cada x años, pero no eres un fabricante de coches, ¿qué preferirías, que suban o que bajen los precios? Estas preguntas se contestan solas."

La inversión en bolsa/empresas, según te la planteo, es exactamente lo mismo. <u>Te interesa comprar lo más barato posible, porque vas a comprar durante toda tu vida</u>. Así que, ¡alégrate cuando la bolsa se hunda! De la misma forma que te alegras cuando la comida o la gasolina bajan de precio.

Capítulo 5

Invirtiendo:
Comprando el mundo ENTERO

¿Cómo te sentirías si fueses propietario de, digamos, EL MUNDO ENTERO? En serio, dueño de la mayoría de grandes empresas del mundo. Dueño de Apple, de Samsung, de Coca Cola, de Adidas, de la petrolera BP, de grandes farmacéuticas, de empresas latinoamericanas que ni siquiera conoces...

No sé tú. Yo me sentiría (y me siento) muy tranquilo. Muy tranquilo de saber que tengo participaciones en la economía de todo el mundo (desde EEUU y Europa pasando por economías emergentes de Asia o Latinoamérica) y en todos los sectores (bancos, energía, consumo, farmacéuticas...). Si hay una gran crisis, desde luego que mis inversiones sufrirán, pero estaré tranquilo porque mi diversificación es excelente. No puede ir todo mal, siempre hay países, sectores o empresas concretas que se salvan: si a Estados Unidos le va mal, a China puede irle bien. Si a las compañías petroleras les va mal (por ejemplo, porque el petróleo cae), a las aerolíneas (cuyo principal coste es el petróleo) les puede ir bien. Si a Apple le va mal, a Microsoft o Samsung puede irles bien.

Cuando tu amigo presuma de ser accionista de Telefónica, Inditex u otras más exóticas como Toyota, Pfizer o LG, no vas a poder evitar sonreír, consciente de que esto no son nada más que las migajas de tu imperio. Al fin y al cabo, eres dueño… ¡del mundo entero!

Pues bien, esto está a tu alcance. **Por un coste mínimo,** hay unos señores que se encargan de comprar acciones (participaciones) de todas estas empresas y después empaquetarlas a través de fondos de inversión para que todos podamos acceder a ellas.

A la hora de invertir globalmente, ésta es la estructura que yo tengo en la cabeza:

RENTA VARIABLE (Bolsa):

- **Países desarrollados:**
  Estados Unidos / Norteamérica, Europa y Japón (+ Oceanía)

- **Países emergentes:**
  Asia emergente, Latinoamérica, (África) y
  (algunos países de Europa del Este)

RENTA FIJA (Bonos)

- **Renta fija de gobiernos (bonos del Estado):**
  De distintos países del mundo

- **Renta fija corporativa (bonos emitidos por empresas):**
  De distintas empresas del mundo

Nota: Diferencia entre renta fija y renta variable: se llama productos de renta fija a bonos/letras que tienen un rendimiento "fijo": unos intereses y una devolución del capital previamente pactados en unas fechas concretas. Los instrumentos de renta variable (las acciones), por el contrario, tienen un rendimiento "variable", incierto: no sabemos qué cantidad pagará la empresa en forma de dividendo ni tampoco cuánto valdrán las acciones en el futuro. Por el mayor riesgo que conlleva, la renta variable es más rentable que la renta fija a largo plazo.

Nota 2: aquellos fondos en cuyo nombre aparezca la palabra *Equity* o *Stock* son de renta variable (*Equity* significa renta variable en inglés y *Stock*, acciones) y aquellos que contengan la palabra "bond" o "fixed income" son de renta fija.

Como siempre, una cosa es la teoría y otra la práctica. Y la idea es que **este libro hable sobre todo de la práctica.** Que sea útil y te sirva para invertir. Por ello te digo que no es tan sencillo (ni siempre conveniente) replicar al dedillo la estructura que planteo. Por ejemplo, es muy difícil encontrar fondos que incluyan empresas africanas cotizadas en bolsa (porque apenas hay). **Aunque esto no me preocupa.** Y no me preocupa porque la importancia mundial de las bolsas emergentes todavía es baja (20% aprox: ver tabla a continuación).

Ranking	País	% sobre Bolsa Mundial
1	Estados Unidos	36,6
2	China	9,8
3	Japón	7,6
4	Hong Kong	6,2
5	Reino Unido	4,6
6	Francia	2,9
7	Canadá	2,9
8	Alemania	2,8
9	India	2,6
10	Suiza	2,2
11	Corea del Sur	1,9
12	Australia	1,8
13	Taiwan	1,5
14	Brasil	1,1
15	**España**	**1,0**
16	Suecia	1,0
17	Italia	0,8
	Otros Desarrollados	6,6
	Otros Emergentes	6,0
	TOTAL	**100,0**
	Total Desarrollados	**79,0**
	Total Emergentes	**21,0**

Fuente: *elaboración propia*

Realmente pienso que hay que quedarse con la idea de invertir globalmente y no quedarse atascado en los detalles y en la perfección.

A grandes rasgos, aquí puedes ver la distribución de la importancia de las bolsas mundiales por región. Y de la importancia de la renta fija de gobiernos vs. Empresas.

1) RENTA VARIABLE (Bolsa)	% de importancia mundial
1.1) Países desarrollados Estados Unidos / Norteamérica, Europa, (Japón + Oceanía)	≈80%
1.2) Países emergentes Asia emergente, Latinoamérica, (África) y (algunos países de Europa del Este)	≈20%

2) RENTA FIJA (Bonos)	% de importancia mundial
2.1) Renta fija de gobiernos (bonos del Estado) De distintos países del mundo	≈70%
2.2) Renta fija corporativa (bonos emitidos por empresas) De distintas empresas del mundo	≈30%

Por tanto, una forma simple de invertir globalmente ("cartera pequeña de Indexa Capital") **es utilizar dos fondos indexados globales:**

1) Vanguard Global Stock Index (Bolsa global) y

2) Vanguard Global Bond Index (Renta fija global).

1) RENTA VARIABLE (Bolsa)	Índice	Fondo	ISIN	Comisión
1.1) Países desarrollados Estados Unidos / Norteamérica, Europa, (Japón + Oceanía)	MSCI World	Vanguard Global Stock Index	IE00B03HD191	0,18% Inst: 0,11%
1.2) Países emergentes Asia emergente, Latinoamérica, (África) y (algunos países de Europa del Este)				

2) RENTA FIJA (Bonos)	Índice	Fondo	ISIN	Comisión
2.1) Renta fija de gobiernos (bonos del Estado) De distintos países del mundo	Barclays GA Float Adj Bond	Vanguard Global Bond Index	IE00B18GC888	0,15% Inst: 0,10%
2.2) Renta fija corporativa (bonos emitidos por empresas) De distintas empresas del mundo				

1. **Un fondo que cubra la renta variable casi mundial** (incluye Norteamérica, Europa, Oceanía y Asia desarrollada; lo cual representa el 80% del volumen bursátil global).

   El **Vanguard Global Stock Index Fund (ISIN IE00B03HD191)** es el fondo a través del cual podemos ser accionistas de las economías desarrolladas del mundo (Norteamérica, Europa, Japón y Oceanía). Replica al índice "MSCI World" con **unos gastos muy bajos, de solo el 0,18% anual (o 0,11% en su clase institucional)**. Este índice está compuesto por unas **1.600 empresas de 23 países** desarrollados (Australia, Austria, Bélgica, Canadá, Dinamarca, Finlandia, Francia, Alemania, Hong Kong, Irlanda, Israel, Italia, Japón, Holanda, Nueva Zelanda, Noruega, Portugal, Singapur, España, Suecia, Suiza, Reino Unido y Estados Unidos).

   Nota importante: ¿Qué es la "clase" del fondo?:

   Si te fijas, en la tabla he incluido dos comisiones. La primera es la comisión del fondo de clase "normal" o "retail" (para cualquier inversor desde importes muy bajos). Por si quieres comprar directamente el fondo, sin intermediarios.

   Sin embargo, los fondos suelen tener su versión "institucional", enfocados a grandes inversores (con mínimos de inversión de millones de euros). Una de las ventajas de invertir a través de un *roboadvisor* (gestor automatizado) es que accedemos directamente a estos fondos "para ricos" con menores comisiones (aprox 0,05% menos). Más sobre esto en el capítulo 6.

2. Un **fondo de renta fija de gobiernos**. El **Vanguard Global Bond Index (IE00B18GC888)** cubre aproximadamente el 90% de la renta fija mundial emitida (aquella emitida por gobiernos de muchos países del mundo, tanto desarrollados como emergentes). El fondo replica al índice Barclays Global Aggregate Float Adjusted Bond Index. Este índice ponderado está diseñado para reflejar el universo total de los **principales mercados globales de bonos de empresas, de gobiernos o titulizaciones** de alta calidad crediticia con vencimientos superiores a un año. El

fondo invierte en unos **8.000 bonos de todo el mundo** y el fondo cubre el riesgo de las diferentes divisas hacia el euro. **Tiene unos costes de 0,15% anual (o 0,10% en su clase institucional).**

Únicamente **con esos dos fondos puedes funcionar perfectamente.** Recuerda que la diversificación está en el contenido de los fondos: en las participaciones que contenga. Y estos fondos compran participaciones en miles de empresas/bonos de gobiernos.

Nota: Quizá te estés preguntando qué es el ISIN. Muy sencillo, es el "número de identidad" de un fondo de inversión. Con él te será más fácil localizar el fondo si te interesa, pero normalmente con el nombre será suficiente.

Estos dos fondos forman parte de "**la cartera pequeña** (menos de 10.000 euros)" que propone Indexa Capital, con diferentes pesos en un fondo u otro en función de tu perfil de riesgo **(ver siguiente capítulo).**

Vamos a ver también "**la cartera mediana** (entre 10.000 y 100.000 euros)", con hasta 7 fondos de inversión:

1) RENTA VARIABLE (Bolsa)	Índice	Fondo	ISIN	Comisión
1.1) Países desarrollados				
Estados Unidos / Norteamérica	S&P500	Vanguard U.S. 500 Stock Index	IE0032126645	0,10% Inst: 0,06%
Europa	MSCI Europe	Vanguard European Stock Index	IE0007987690	0,12% Inst: 0,08%
Japón	MSCI Japan	Vanguard Japan Stock Index	IE0007286036	0,16% Inst: 0,12%
1.2) Países emergentes				
Asia emergente, Latinoamérica, (África) y (algunos países de Europa del Este)	MSCI Emerging Markets	Vanguard Emerging Markets Stock Index	IE0031786696	0,23% Inst: 0,16%

2) RENTA FIJA (Bonos)	Índice	Fondo	ISIN	Comisión
2.1) Renta fija de gobiernos (bonos del Estado)	Barclays GA Euro Government Bond	Vanguard Euro Government Bond Index	IE0007472990	0,12% Inst: 0,06%
De distintos países del mundo	Barclays Eurozone - Euro CPI TR	Vanguard Eurozone Inflation-Linked Bond Index	IE00B04GQR24	0,12% Inst: 0,06%
2.2) Renta fija corporativa (bonos emitidos por empresas) De distintas empresas del mundo	Barclays Euro Non-Government Bond	Vanguard Euro Investment Grade Bond Index	IE00B04FFJ44	0,12% Inst: 0,08%

La **renta variable** queda cubierta por hasta *4 fondos* (dependiendo del perfil de riesgo):

1. **Vanguard U.S. 500 Stock Index Fund (IE0032126645)**
   Sigue al índice SP500, compuesto por las 500 empresas estadounidenses más importantes. Comisión anual del 0,10% (0,06% en clase institucional).

2. **Vanguard European Stock Index (IE0007987690)**
   Este fondo replica al índice MSCI Europe, compuesto por las 440 mayores empresas de los principales países europeos. Tiene una comisión del 0,12% anual (0,08% en clase institucional).

3. **Vanguard Japan Stock Index Eur Institutional (IE0007286036)**
   Este fondo invierte en el MSCI Japan, con un coste del 0,16% anual (0,12% en clase institucional). Con 319 acciones, el índice cubre aproximadamente un 85% de la capitalización de este mercado. Las principales posiciones del fondo son Toyota, Mitsubishi UFJ y Softbank Group.

4. **Vanguard Emerging Markets Stock Index Fund (IE0031786696)**
   A través de este fondo podemos participar del comportamiento de las **economías emergentes** (tanto para bien como para mal). El fondo replica al índice "MSCI Emerging Markets", formado por 800 compañías de 23 países emergentes (Brasil, Chile, China, Colombia, República Checa, Egipto, Grecia, Hungría, India, Indonesia, Corea, Malasia, México, Perú, Filipinas, Polonia, Rusia, Qatar, Sudáfrica, Taiwán, Tailandia, Turquía y Emiratos Árabes Unidos). Tiene una comisión del 0,23% anual (0,16% en clase institucional).

La **renta fija** también queda cubierta por hasta *3 fondos* (dependiendo del perfil de riesgo):

1. **Vanguard Euro Government Bond Index Fund (IE0007472990)**
   Este fondo invierte en bonos de países de la zona Euro (Francia, Italia, Alemania, España, Bélgica, Holanda, Austria, Portugal,

Irlanda, Finlandia…). Tiene una comisión del 0,12% anual (0,06% en clase institucional).

2. **Vanguard Eurozone Inflation-Linked Bond Index Fund (IE00B04GQR24)**

   Este fondo invierte en bonos de países de la zona Euro, con la particularidad de que son bonos cuyo interés y principal están **ligados a la inflación**. Quédate con la idea de que es un **fondo** "muy seguro", porque te **protege frente a la inflación**. Como todo en el mundo financiero, esta seguridad "se paga" en forma de menor rentabilidad esperada. Tiene una comisión del 0,12% anual (0,06% en clase institucional).

3. **Vanguard Euro Investment Grade Bond Index Fund (IE00B04FFJ44)**

   Invierte en bonos de empresas europeas solventes. Tiene una comisión del 0,12% anual (0,08% en clase institucional).

La historia RECIENTE: el comportamiento de esta cartera desde 2001 a 2022

Supongamos que a principios del año 2001 (1 de enero de 2001), hubiéramos empezado a invertir siguiendo el enfoque planteado hasta ahora (cartera mediana, suponemos un perfil de riesgo medio – 6/10 – ver más en el siguiente capítulo). ¿Qué habríamos obtenido?

Año	Inv. Acumulada	Valor cartera	Resultado	Rentabilidad
2001	1.200 €	1.179 €	-21 €	-1,7%
2002	2.400 €	2.026 €	-374 €	-15,6%
2003	3.600 €	3.498 €	-102 €	-2,8%
2004	4.800 €	5.112 €	312 €	6,5%
2005	6.000 €	7.391 €	1.391 €	23,2%
2006	7.200 €	9.028 €	1.828 €	25,4%
2007	8.400 €	10.483 €	2.083 €	24,8%
2008	9.600 €	9.312 €	-288 €	-3,0%
2009	10.800 €	12.677 €	1.877 €	17,4%
2010	12.000 €	15.331 €	3.331 €	27,8%
2011	13.200 €	16.437 €	3.237 €	24,5%
2012	14.400 €	20.322 €	5.922 €	41,1%
2013	15.600 €	23.611 €	8.011 €	51,3%
2014	16.800 €	28.731 €	11.931 €	71,0%
2015	18.000 €	31.600 €	13.600 €	75,6%
2016	19.200 €	35.227 €	16.027 €	83,5%
2017	20.400 €	38.248 €	17.848 €	87,5%
2018	21.600 €	38.225 €	16.625 €	77,0%
2019	22.800 €	46.167 €	23.367 €	102,5%
2020	24.000 €	46.440 €	23.640 €	108,2%
2021	25.200€	57.671 €	32.471 €	128,9%
2022	**26.400€**	**50.629€**	**24.229€**	**91,8%**

Inversión total	26.400 €
Valor total tras 22 años	50.629 €
Rentabilidad total	91,8%
Tiempo medio de inversión (21 años el 50% del tiempo)	11,0 años
Rent. Anual media (int. Compuesto)	**6,1%**

Invirtiendo 100 euros al mes durante 22 años (2001 a 2022), a 31 de diciembre de 2022 tendríamos 50.629 euros. No está nada mal, ¿verdad? Ya estaríamos ganando 24.229€ (antes de impuestos) o un 91,8% de rentabilidad. Un 6,1% de rentabilidad media anual.

Nota: 2022 fue un año bastante malo para la bolsa y la renta fija y la rentabilidad por tanto ha caído (en 2021 la media estaba en 8,1%)

Nota: No es necesario que inviertas 100 euros al mes. Sólo es un ejemplo. **Puedes hacerlo con menos dinero (sin mínimo).** Para saber cuánto valdría tu cartera de inversión si, por ejemplo, hubieras invertido 50 euros al mes (en lugar de los 100€ del ejemplo), divide las cifras entre dos. Si hubieras invertido 200 euros al mes, multiplica por dos y así sucesivamente (500 euros, por 5, etc.).

Nota 2: en el caso de la cartera pequeña, el comportamiento fue prácticamente idéntico.

En el **próximo capítulo te explico cómo implemento yo esta estrategia** e invierto mes a mes, paso a paso.

La importancia de invertir periódicamente (*Dollar Cost Averaging*)

No me quiero extender mucho sobre este punto ni explicarlo de manera muy técnica. Sí quiero que te quedes con esta idea: **invertir periódicamente** (por ejemplo, mes a mes) es positivo y **generalmente más rentable**.

La técnica de *dollar cost averaging*, por rimbombante que suene, consiste sencillamente en invertir una cantidad fija de euros de forma periódica (por ejemplo, mes a mes).

Lo bueno es que garantiza que **compras más participaciones baratas y menos cuando la bolsa está alta.** Es una forma simple de protegerte de tus emociones. Yo la utilizo y pienso que esta estrategia de compras periódicas es especialmente útil si eres un inversor emocional y lo pasas mal con las caídas del mercado. Si tienes una disciplina de compra periódica "te obligas" a superar tu miedo o avaricia.

Ejemplo: si todos los meses inviertes 100 euros y una participación en un fondo X tiene un precio de:
Mes 1: 20 euros/participación
Mes 2: 10 euros/participación

A simple vista, quizá pienses que tu precio medio de compra es de 15 euros. Sin embargo, no es así.

El mes 1, habrás comprado: 100/20 euros= 5 participaciones a 20 euros.
El mes 2, habrás comprado: 100/10 euros= 10 participaciones a 10 euros.

En total tienes 15 participaciones a un precio medio de 200/15= 13,3 euros

Es decir, has comprado "pocas participaciones caras" y "muchas participaciones baratas". ¡Muy bien!

¿Por qué invierto en el mundo (al menos el desarrollado) entero?

España representa en torno al 1-2% del PIB y 1% del volumen bursátil mundial. Por ello pienso que no es razonable invertir únicamente en mi país. Ni siquiera sólo en Europa.

Por otro lado, pienso que, si inviertes tanto en el mundo desarrollado como en el emergente, genial (cartera mediana). Aunque pienso que es suficiente con invertir en empresas de economías desarrolladas si tienes una cartera pequeña y no te quieres complicar mucho. Las economías desarrolladas representan la mayoría (el 80%) del volumen de la bolsa mundial y las empresas americanas, europeas o japonesas ya están expuestas a los mercados emergentes: tienen negocios y ventas en esos países. Por ejemplo: Apple no sólo vende en EEUU/Europa, sino que una parte importante de su negocio está ya en China y Latinoamérica. Por ello, invirtiendo a través de estas empresas, se consigue estar indirectamente expuesto también a los mercados emergentes.

Por ello, **invirtiendo a través de estas empresas, se consigue estar indirectamente expuesto también a los mercados emergentes**

¿Cuánto invertir en renta variable (bolsa) y cuánto en renta fija (bonos)?

Esto depende de tu edad, de tu aversión al riesgo y de tu situación personal. Tienes que encontrar el porcentaje con el que te sientas cómodo, que te permita dormir por la noche sin preocupaciones. También debes preguntarte: "¿dentro de cuántos años necesitaré el dinero?"

Como quiero que el libro sea lo más práctico posible, aquí tienes una **fórmula aproximada** para saber cuánta renta variable vs fija elegir (para un perfil de riesgo "neutro" o medio):

Clase de activo	Porcentaje	Ejemplo: Edad 40 años
RENTA VARIABLE	110 - "tu edad (en años)"	110-40= 70%
RENTA FIJA	"Tu edad (en años)" - 10	40-10= 30%
Total	**100**	**100%**
Perfil de riesgo	Neutro	Neutro

El planteamiento es el siguiente: mientras uno es "joven" lo mejor es poner toda la carne en el asador (más renta variable) porque hay tiempo para recuperarse si hay caídas fuertes. De hecho, es lo mejor que puede pasar: **caídas fuertes para acumular participaciones y aprovechar la subida.**

Pero **es importante ir reduciendo el riesgo (renta variable) conforme se acerca la jubilación**. En caso contrario corremos el riesgo de que justamente la bolsa sufra caídas fuertes unos años antes de nuestra jubilación y la mitad de nuestros ahorros se esfumen. La idea es ir traspasando gradualmente renta variable (más volátil y "arriesgada") a renta fija (más tranquila).

Todos esto es para una persona con un perfil de riesgo medio o "neutro". Sin embargo, si no te gusta el riesgo, quizá quieras invertir desde joven un porcentaje mayor de tu cartera en renta fija. O, al contrario, puede que, aunque tu edad indique que "deberías tener" más renta fija, tú estés cómodo con más riesgo (quizá porque tienes un patrimonio o un sueldo altos y estables). Siéntete cómodo. Es la única manera de que tu inversión sea sostenible en el tiempo.

Una cosa más: El rebalanceo o reajuste

Para limitar el riesgo de las inversiones y optimizar la rentabilidad te propongo que "rebalancees/reajustes" tu cartera. En otras palabras, asegúrate de que tu cartera no se desvía de los porcentajes que tú has establecido.

Por ejemplo, supón que decides invertir el 50% de tu cartera en el fondo 1 y el 50% en el fondo 2. Si a final de año el fondo 1 se ha comportado mejor que el fondo 2, el fondo 1 representará más del 50% de mi cartera (por ejemplo 55%) y el fondo 2 un 45%. Para devolver los porcentajes originales, deberás traspasar una parte del fondo 1 al 2. Y así se restablece el 50%-50%.

	Principio de año	Final de año	% actual	**Rebalanceo**	Final	% deseado
Fondo 1	500 €	550 €	55%	-50 €	500 €	50%
Fondo 2	500 €	450 €	45%	50 €	500 €	50%
	1.000 €	1.000 €	100%	0 €	1.000 €	

Por ejemplo, a final de año verás en tu cuenta que el fondo 1 tiene un valor total de 550€ y el fondo 2 de 450€. Por tanto, traspasarás (recuerda que no es lo mismo que vender, lo cual implicaría pagar impuestos) 50€ desde el fondo 1 al fondo 2. Tras esta operación, la cartera queda **rebalanceada/reajustada** (50%-50%): 500€ en el fondo 1 y 500€ en el fondo 2.

De esta manera nos aseguramos de "vender lo caro" (relativamente) y "comprar lo barato" (relativamente). **A largo plazo esto añadirá un extra de rentabilidad a tu cartera y disminuirá el riesgo.** Evidentemente este planteamiento se basa en la creencia de que nadie sabe lo que ocurrirá en el futuro, nadie sabe si el fondo 1 se comportará mejor o peor que el fondo 2. No tenemos una bola de cristal.

¿Cuándo rebalancear/reajustar tu cartera?

1. **Cada año**, conforme cumplas años. Es bueno reajustar la cartera una vez al año para ir ajustándola a tu edad.

2. **Cuando tu cartera se desvíe X%** de tus porcentajes establecidos. También puedes optar, no sólo por reajustar una vez al año, sino cada vez que tu cartera se desvíe un X% (por ejemplo, un 3%) de los porcentajes deseados. Hacer esto manualmente sería muy tedioso y no te lo recomiendo. **Algunos intermediarios** (como el que yo utilizo y te presentaré en el siguiente capítulo) se encargan de hacerlo **automáticamente.** Esto es muy interesante y puede añadir un 0,4% extra de rentabilidad anual.

Otros fondos indexados

Hasta ahora te he hablado de los fondos en los que yo invierto. Aquí te presento otros fondos indexados disponibles. Principalmente existen 3 gestoras de fondos indexados disponibles en España:

- **Vanguard**
Hasta 2016 los fondos indexados de Vanguard (la mayor gestora del mundo) no estaban disponibles en España por las mínimas comisiones que tienen (y por ello apenas son rentables para los intermediarios). En general, son los mejores fondos indexados (tienen menor comisión y siguen de forma más fiel a sus índices).

- **Amundi**

- **Pictet**

Fondos de renta variable (Bolsa)

De países desarrollados

Amundi Index Equity Europe (LU0389811885)
Este fondo replica al índice MSCI Europe que incluye a unas 440 empresas de los principales países europeos. Tiene una comisión del 0,30% anual.

Amundi Index Equity Euro (LU0389811372)
Igual que el anterior, pero con la salvedad de que sólo incluye los países de la zona Euro. Excluye, por tanto, empresas suizas, noruegas y británicas. Misma comisión: 0,30% anual.

Amundi Index Equity North America (LU0389812347)
Sigue al índice MSCI North America, compuesto por unas 760 empresas de EEUU y Canadá. Comisión anual del 0,15%.

Amundi Index Pacific ex Japan (LU0390717543)
Invierte en el índice MSCI Pacific ex Japan, compuesto por unas 150 empresas de Australia, Hong Kong, Nueva Zelanda y Singapur. Yo no lo recomiendo por este motivo: está poco diversificado (únicamente 150 empresas de sólo 4 países "pequeños"). Comisión anual del 0,30%.

De países emergentes

Amundi Index Emerging Markets (LU0996177134)
Fondo similar al ya visto *Vanguard Emerging Markets Stock Index Fund*, aunque de la gestora Amundi (rentabilidad algo menor). Comisión del 0,45% anual.

Fondos de renta fija (Bonos)

Fondos de renta fija de gobiernos

Amundi Index Global Bond EUR Hdg (LU0389812933)
Este fondo invierte en bonos de 13 países desarrollados (Australia, Bélgica, Canadá, Dinamarca, Francia, Alemania, Italia, Japón, Holanda, España, Suecia, Reino Unido y Estados Unidos). Tiene una comisión del 0,35% anual.

Fondos de renta fija de empresas

Amundi Index Bond Euro Corp (LU1050469367)
Este es otro fondo de renta fija corporativa. A diferencia del presentado anteriormente (Amundi Index Global Bond) que invierte en bonos de países, éste invierte en bonos de empresas europeas "solventes" (calificadas por las agencias de rating como "investment grade").

Prestar dinero a empresas es algo más "arriesgado" que hacerlo a gobiernos por lo que este fondo tiene un perfil de mayor riesgo que el "Amundi Index Global Bond", aunque de menos comparado con los de renta variable. Comisión anual del 0,35% y mínimo de 200 euros.

Nota sobre comisiones de los fondos de inversión

Las principales comisiones de los fondos de inversión son:

- **Comisión de gestión.** Lo que cobra la gestora por gestionar el patrimonio del fondo. En los indexados está entre 0,06%-0,30%. Ésta es la comisión principal.

- **Comisión de depositario.** Una pequeña comisión cobrada por el banco en el que se deposita el patrimonio del fondo. Entre 0% y 0,10% anual.

- **Comisión sobre resultados**. Algunos fondos, además de las comisiones anteriores cobrar un porcentaje de los beneficios (20% normalmente). Esto no ocurre con los fondos indexados. Sólo con algunos fondos de gestión activa.

- **Comisión de suscripción y reembolso.** Algunos fondos cobran una comisión por entrar o salir del fondo. Esta comisión es, bajo mi punto de vista, ridícula. Es muy poco frecuente.

Las comisiones de los fondos indexados

En general en los fondos indexados y en los *roboadvisors* o gestores automatizados (más sobre esto en el siguiente capítulo), te vas a encontrar 3 comisiones:

- **Comisión de gestión del propio fondo**: 0,06% a 0,30%

- **Comisión de custodia:** 0,10 a 0,20%

- **Comisión de gestión del intermediario** (gestor automatizado): 0,15 a 0,50%

¿Qué es el TER?

Es posible que, al hablar de comisiones del fondo, te hablen del TER. Esto es el **Total Expense Ratio**. Es decir, **calcula la comisión total del fondo.**

TER = Suma de todas las comisiones/ Valor del fondo.

Las comisiones incluyen: gestión, depositario y otros costes de transacciones del fondo, costes legales o de auditoría... El TER es la comisión total. Es por tanto la cifra en la que debes fijarte.

¿Cómo se cobran estas comisiones?

"¿Me descontarán estas comisiones de la cuenta? ¿Qué día?" ¡NO! Esto no tendría sentido. Una vez que compres un fondo, las comisiones SIEMPRE se descuentan del valor del propio fondo. Supongamos que un fondo tiene una comisión del 0.25% anual. Eso quiere decir que, a lo largo del año, descontarán un 0.25% de su valor. Si compras 100 euros, te descontarán 0.25€.

Pero no tendría sentido que a alguien que compre el día 30 de diciembre le cobrasen el día 31 de diciembre la comisión anual completa, ¿cierto?

Por ello se descuenta diariamente: si en un año, hay 250 sesiones de bolsa (por ejemplo), cada día descontarían 0.25%/250= 0.001%.

Por ello, cuando se habla de la rentabilidad de un fondo X, esa rentabilidad es neta (ya se han descontado las comisiones). ¡Siempre!

Capítulo 6

Cómo poner a funcionar tu propio sistema automático de inversión

Ha llegado la hora de que aprendas cómo poner en funcionamiento tu propio sistema de inversión. Sólo te llevará **25 minutos** (de reloj) ponerlo a funcionar.

Principalmente para invertir de una forma global e indexada **tienes 3 opciones**, que vamos a ver a continuación (y te doy mi opinión sincera sobre cada una):

	Cartera de Fondos Indexados Automatizada	Fondos Indexados por tu cuenta (manual)	Planes de Pensiones Indexados
Disponibilidad de Fondos Vanguard	✓	Depende	✓/(depende)
Comisiones	0,43 – 0,78%	Más bajas	0,58 – 1,31%
Automatización y Simplicidad	✓	No	✓
Cartera Propuesta para tu Perfil de Riesgo	✓	No	✓
Rebalanceo automático	✓	No	✓
Plataforma	✓	Mejorables	✓
Mínimo inicial	150 – 3.000€	0 €	50 – 1.500 €
Opciones Disponibles	Indexa, Myinvestor, Finizens, Finanbest, Inbestme, Popcoin	Myinvestor, Renta 4, BNP Paribas (ahora Renta 4), Selfbank, Openbank	Indexa, Finizens, Inbestme, Finanbest, Popcoin
Ventajas	Una vez abres la cuenta y programas la aportación, te olvidas del resto	Ahorro en comisiones/Sin mínimo	Ahorro fiscal (hasta 1.500 € anuales de desgravación en IRPF)
Mi opinión	Debería ser la opción "por defecto" para la mayoría	Solo para inversores expertos y "disciplinados"	Interesante si tus ingresos son medio/altos (>35.000€ brutos/año)
El que yo utilizo (2023)	✓ Indexa		✓ Indexa

Fuente: webs de las plataformas y elaboración propia

Nota importante: hablo de opciones concretas porque pienso que es la mejor forma de darte contenido útil y aplicable. Lo actualizo periódicamente (en el libro y antes en mi web) cuando algo cambia. Si tienes una opinión distinta puedes comentármela.

Como ves, tienes 3 maneras distintas de enfocar tu inversión:

1) **Utilizar uno de los llamados "gestores automatizados" de fondos indexados que hay en España (también llamados Roboadvisors)**

   Desde mi punto de vista, esta forma de invertir debería ser la opción por defecto (sin conocerte). Es una forma simple y automática de empezar a invertir cada mes. La opción más rápida para poner a trabajar tu dinero.

   Salvo que tengas muy clara la cartera de fondos a comprar (o quieras elegir una cartera muy personalizada) y seas muy disciplinado (para invertir periódicamente y reajustar), mi recomendación es que delegues esto en un *gestor automatizado*.

   Pagas algo más de comisión (la del *roboadvisor*), es cierto, pero *todo funciona solo*. Y también accedes a la clase institucional de los fondos (menores comisiones).

   En cualquier caso, lo más importante es que empieces a invertir cuanto antes, así que elige la opción que te encaje y no mires atrás (podrás corregir más adelante).

2) **Otra opción es montarte por tu cuenta la cartera de fondos para ahorrar comisiones**

   Puedes hacerlo. No es difícil. De hecho, podrías replicar alguna de las carteras propuestas.

   Pero mi experiencia después de recibir incontables correos de lectores, es que ese simple paso (elegir la cartera) bloquea a la mayoría.

Además de la tarea de invertir periódicamente y reajustar la cartera de forma manual. Casi nadie tiene la disciplina de hacer esto. Y esta es la clave de todo. Por eso yo prefiero (y utilizo) las opciones 1 y 3.

Si aun con todo prefieres crear tu propia cartera, en mi web te cuento cómo hacerlo (en mi opinión la mejor opción sería Myinvestor).

3) **Planes de Pensiones Indexados**

Tradicionalmente los planes de pensión han tenido muy mala prensa. Y no es para menos.

Si los fondos de inversión de los grandes bancos son "mediocres", los planes de pensión de estos bancos todavía son peores.

Por eso quizá tenga todavía más importancia la llegada de planes de pensión indexados a España (más que los fondos indexados).

Si tienes unos ingresos medio/altos (a partir de 30.000€ brutos anuales), seguramente te compense utilizar los planes de pensión en lugar de los fondos.

<u>Ventajas: puedes reducir tu base imponible en IRPF ("impuesto sobre la renta") hasta 1.500 € desde el año 2022</u> (en 2021 eran 2.000 € y hasta 2020 eran 8.000€).

CARTERAS INDEXADAS AUTOMATIZADAS

Te voy a explicar **cómo invierto yo mes a mes** actualmente a través de un gestor automatizado, mi opinión, así como todas las opciones disponibles en España:

	Indexa Capital	Myinvestor	Finizens	Inbestme / Finanbest / Popcoin
Comisión de gestión	0,42 % **(0% con invitación)**	0,15 % (0% con invitación)	0,41 % (0% con invitación)	0,45 % (0% con invitación)
Comisión media fondos	0,08 %	0,15 %	0,10%	0,15 %
Comisión de custodia	0,11 %	0,15 %	0,12%	0,16 %
Comisión total máxima	0,61 %	0,45 %	0,63%	0,74-0,78%
Comisión media histórica real*	**0,52 %**	**0,45 %**	**0,52%**	N/A
Mínimo inicial	3.000 €	150 €	1.000 €	1.000 € a 3.000 €
Reajuste automático	✓	✓	✓	✓
Facilidad de apertura	✓	Mejorable	✓	Mejorable
Cercanía al cliente y atención	✓	✓	Mejorable	✓
Aportaciones posteriores periódicas	Transferencia periódica desde tu Banco / Min 1€	Transferencia periódica desde tu Banco / Min 150€	Domiciliación Bancaria / Min 1€	Domiciliación Bancaria / Min 1€
Programa Amigo	Comisión de gestión gratis 1 año	30€ de regalo + comisión gestión gratis 1 año	Comisión de gestión gratis 1 año	50 € regalo + Comisión gestión gratis 1 año
Volumen gestionado	+1.500 M€ (+60.000 clientes)	Sin datos	Sin datos	Aprox 25 M€ cada uno
Año de inicio	2015	2020	2016	2017-2018
Mi Opinión	10/10	8/10	7/10	5/10
El que yo utilizo (2023)	✓			

Fuente: webs de las plataformas y elaboración propia

(*) *La comisión media histórica real es más baja que la "máxima" por el efecto de menor comisión en carteras de más volumen + el efecto del Programa Amigo (sin comisiones de gestión).*

Indexa Capital

Indexa Capital **es el gestor automatizado más grande en España.** Es el primero que abrió camino (2015) y luego vinieron los demás (y siguen llegando nuevos, lo cual es bueno para el inversor, porque hay competencia y caen los costes).

Es de largo el que más clientes y volumen gestiona, aunque otros *roboadvisors* son menos transparentes y no informan públicamente de sus números.

A mediados de 2020, Indexa subió su mínimo inicial a 3.000 € (antes 1.000 €), porque según informaron no es rentable mantener cuentas de menor importe (lo cual tiene sentido en un modelo basado en bajas comisiones y de hecho todos los roboadvisors, excepto Indexa, pierden dinero a día de hoy). Tiene el mínimo inicial más alto y sigue creciendo en clientes y volumen gestionado a un alto ritmo.

Cómo traspasar un fondo desde otra entidad

Para la inversión inicial, tienes 2 opciones:

- Puedes transferir dinero que tengas en una cuenta corriente.

- Y también puedes **traspasar un fondo de inversión** que tengas en cualquier otra entidad. De hecho, traspasar el típico fondo que tenemos en el banco a un gestor automatizado es una muy buena forma de empezar, en mi opinión.

Para traspasar un fondo desde otra entidad, tienes que pedirlo a tu gestor automatizado y ellos se encargan de hacer la solicitud a la entidad original (les interesa por lo que suelen ponerlo fácil). Suele tardar unos 20 días.

Si cuentas con menos capital para empezar, puedes optar por Myinvestor (150€ de mínimo), Finizens o Inbestme (1.000 € de mínimo). O si prefieres usar Indexa, puedes ahorrar primero y abrir después la cuenta.

Indexa tiene la menor comisión de custodia y la menor comisión media de fondos. ¿Por qué? Como gestiona un mayor volumen, puede negociar con Vanguard y con los bancos depositarios para conseguir menores comisiones para sus clientes.

En cuanto a la comisión de gestión: es de máximo 0,42%, aunque baja a medida que tienes una cartera mayor (0,40% a partir de 10.000€ y sigue bajando a más patrimonio).

Además, **uno de los pilares del crecimiento de Indexa son las recomendaciones de amigo**: tienen un programa en el que, si te invita un cliente, ambos os beneficiáis de *comisión de gestión gratuita durante 1 año (sobre 10.000 €)*.

Es decir, puedes tener comisión de gestión de 0€ si cada año invitas a 1 amigo (o varios si tu cartera es de más de 10.000 €).

Si quieres, puedes utilizar mi **link de amigo** para conseguir comisiones gratis el primer año: **carlosgalan.net/indexa** (puedes teclearlo en tu navegador directamente o encontrarlo en mi web).

Un aviso, por si acaso: no soy un profesional financiero autorizado y todo el contenido de este libro debe considerarse meramente como una opinión personal y en ningún caso como una recomendación financiera o de inversión. Recuerda que rentabilidades pasadas no garantizan rentabilidades futuras y toda inversión conlleva riesgo de perder dinero.

IMPORTANTE: Ya sabes, la responsabilidad es siempre TUYA.

Si quieres **una guía más detallada** sobre cómo abrir una cuenta en Indexa, puedes encontrarla en mi web.

Myinvestor

Aunque es pronto para hablar sobre el servicio de carteras indexadas de Myinvestor (lanzado en junio 2020), el enfoque tiene buena pinta.

Tiene **la menor comisión de gestión de todos los gestores automatizados** (0,15%), lo cual hace que la comisión total máxima también sea muy baja (0,45%). Su gran ventaja es el mínimo de inversión: solo 150€.

La apertura de cuenta y la plataforma todavía no son tan intuitivas como deberían, aunque supongo que lo irán corrigiendo.

Si quieres una guía más detallada sobre cómo abrir una cuenta en Myinvestor, puedes encontrarla en mi web. Allí también encontrarás mi link de amigo, que me ayuda a mantener el blog y seguir creando contenido útil y práctico.

Finizens

Su oferta es un calco de la de Indexa y de hecho las comisiones son prácticamente idénticas.

Como ventaja su mínimo es menor (1.000 €) y como desventaja su atención al cliente es mejorable.

Como forma de captar inversores incluye en sus carteras un activo diferente: inversión inmobiliaria vía REITs.

Para ayudarte a decidir he preparado una tabla de **rentabilidades históricas reales** de los distintos gestores automatizados (carteras de fondos indexados). Comparo la "cartera media" (ni la más conservadora ni la más arriesgada) y son rentabilidades **netas** (ya descuentan todas las comisiones):

	2016	2017	2018	2019	2020	2021	2022
Indexa (Cartera 6/10)	7,4%	5,0%	-3,1%	17,1%	5,5%	12,7%	-14,0%
Finizens (Cartera 3/5)		4,5%	-4,0%	15,9%	2,3%	12,2%	-12,8%
Finanbest (Cartera Blue – antes 30/60)			-3,9%	16,6%	6,3%	11,5%	-11,8%
Inbestme (Cartera Media)		4,9%	-3,9%	15,0%	4,0%	9,9%	-12,7%
Myinvestor (Cartera Indie 3/5)						16,2%	-15,6%

Fuente: *webs de las plataformas*

A la hora de interpretar los datos, debes tener en cuenta que la comparativa perfecta no es posible dado que las carteras de cada roboadvisor son distintas. Aunque son similares, hay pequeñas diferencias (ponderación de los fondos o distintos fondos utilizados).

EL PERFIL DE RIESGO

La determinación de tu perfil de riesgo es importante, ya que determina tu cartera y con ello tu rentabilidad y volatilidad esperadas.

El verdadero perfil de riesgo se ve en las caídas. Creo que es muy fácil asumir riesgo cuando todo va bien y hay subidas. En ese escenario todos queremos más riesgo y, por tanto, más rentabilidad. Sin embargo, es cuando las cosas se tuercen, cuando uno se da cuenta de su verdadero perfil de riesgo. Cuando uno pierde una parte de su dinero y duele. **Mi recomendación**, por tanto, es **confiar en el riesgo asignado** por el gestor automatizado (incluso si no quieres abrir cuenta, puedes usar el cuestionario para conocer tu perfil de riesgo sin compromiso).

Qué expectativas puedes tener en función de tu perfil de riesgo

Evidentemente cuanto más conservador seas (menos abierto al riesgo), menor será la rentabilidad estimada (a largo plazo).

Es importante entender que ni la renta variable ni la renta fija son "seguras" y las rentabilidades aseguradas no existen ni en una ni en otra.

Lo que sí sabemos es que la renta fija es a largo plazo "más segura" (menos volátil). Por el contrario, la renta variable tiene más volatilidad (más altibajos) pero también es más rentable (históricamente).

Como verás cuando rellenes el cuestionario inicial de cualquier gestor automatizado, tus respuestas van a determinar tu perfil de riesgo. Es decir, **se trata de entender tu grado de comodidad con el riesgo (volatilidad).**

Como orientación te he preparado una tabla aproximada de cómo será tu cartera en distintos escenarios de "Perfil de Riesgo".

Cuanto más "atrevido" seas, mayor será el peso de la renta variable en tu cartera y mayor tu rentabilidad esperada.

Perfil de Riesgo	Conservador	Medio	Atrevido
RENTA VARIABLE	0-30%	30-60%	60-100%
RENTA FIJA	70-100%	40-70%	0-40%
Rentabilidad estimada anual	0-2%	2-4%	4-7%
Volatilidad	Baja	Media	Alta

Cuánto dinero invertir al mes. O cada X meses

Cada caso es diferente (sueldo, familia, hipoteca, etc.). Como norma general diría que **un 10% del sueldo neto está bien y un 20% está genial**.

Mi recomendación personal es que te pongas inicialmente un objetivo asumible y realista. **Lo importante es que empieces, rectifica sobre la marcha**.

Quizá un soltero de 25 años que cobre 1.300 € pueda destinar 300 € al mes (pero si vive en casa de sus padres y tiene pocos gastos quizá pueda aumentarlo hasta los 600-800 €). Alguien de 35 años, con hipoteca e hijos, cobrando la misma cantidad quizá sólo pueda aportar 50 o 100 €/mes. Aunque lo ideal es invertir cada mes (vinculándolo a un porcentaje de tu salario), cada caso es diferente. Quizá tus ingresos no son tan regulares o no tengas trabajo. En ese caso, puedes invertir cada 3 meses, o cada 6 o incluso una vez al año.

Incluso en el caso de que todavía no tengas una nómina, te recomiendo que abras la cuenta en un *roboadvisor* y hagas aportaciones pequeñas (quizá 20 o 50 € mensuales, lo que puedas). Así te vas acostumbrando a ahorrar y tendrás todo listo para cuando llegue el día de pisar el acelerador a fondo.

"¿Por qué automático? Prefiero controlarlo yo, me pondré un aviso en el calendario y enviaré una transferencia a principios de cada mes/cada x meses."

Te lo desaconsejo absolutamente. **La clave de este sistema se basa en que todo esté automatizado.** Es posible que te lleve un par de meses ajustarlo e incluso puede haber algún mes atípico en el que necesites el dinero (en ese mes desactiva la orden desde la web para que no te carguen el recibo), pero, aun así, deberías confiar en el sistema. No puedo enfatizar lo suficiente cuán importante es esto.

Es crucial que el dinero no pase por tus manos. Acostúmbrate a pensar en esto como un gasto fijo, igual que la hipoteca o las retenciones por IRPF. Tu sueldo neto, disponible para gastar sería tu sueldo bruto – impuestos – hipoteca (si tienes) – recibo de inversión.

Sé que parece una tontería (hacer una transferencia cuesta 2 minutos), pero créeme, por muy responsable y sistemático que seas, la tentación y la pereza estarán siempre ahí. Y cuando la bolsa caiga, todavía más. Si te eliminas a ti mismo de la ecuación, te aseguras de que la primera factura que pagas es contigo mismo (inversión). **Y te aseguras de que tus emociones no intervengan.**

Yo estaría dispuesto a pagar por el servicio de automatizar la inversión. Pero es que además **es GRATIS.** ¿No es genial?

En serio, PÁGATE A TI PRIMERO. Hazlo fácil. Y, sobre todo, hazlo.

Cómo automatizar la inversión periódica:

Ya he insistido en la importancia de la automatización. Pienso que es MUY COMPLICADO invertir mes a mes durante muchos años si esto requiere un esfuerzo por tu parte (por pequeño y rápido que sea). Quizá al principio, motivado por empezar tu plan de inversión, pero no lo veo sostenible.

La forma de automatizar la inversión cambia según el gestor automatizado.

En algunos como Finizens puedes hacerlo desde su plataforma "domiciliando" un cobro contra tu cuenta corriente: como si estuvieras contratando un servicio telefónico.

En otros casos como en Indexa, tú programas la transferencia desde tu banco. Es bastante simple y lo puedes hacer online. Debes buscar la opción "Programar una transferencia periódica" (o automática, es lo mismo) o similar. Lo ideal es que la cuenta corriente que utilices sea aquella en la que recibes tus principales ingresos, como tu nómina.

Como **cuenta de destino** debes colocar el IBAN de tu cuenta de efectivo en el gestor automatizado. En el caso de Indexa, esto lo puedes consultar dentro de la plataforma Configuración/Cuentas Bancarias/Cuenta de efectivo.

Como **fecha de transferencia**, te recomiendo unos 3 días después de la fecha en la que sueles recibir tu nómina. Ejemplo: si tu nómina suele entrar el último día de cada mes, puedes programar tu transferencia el día 3 o 4 del mes siguiente. De esa manera aseguras que la cuenta tendrá efectivo disponible y aseguras la *"pre-inversión"*. Lo que has invertido, ya no te lo puedes gastar.

Como **periodicidad**: idealmente **mensual**, pero también puedes hacerlo bimensual, trimestral etc.

Así consigo que cada mes se envíen XXX euros a mi cuenta de inversión. No hay ningún mínimo mensual. Puedes enviar 1 euro si quieres.

Una vez el dinero está en la cuenta de inversión, siempre y cuando el importe disponible supere los 150 euros por fondo (en el caso de Indexa), se invierte automáticamente en los fondos indexados. Es una especie de hucha en la que se acumula el dinero y cuando hay suficiente (cada 2-3 meses, dependiendo del importe invertido al mes), se rompe y se compran las participaciones en los fondos. Todo ello automáticamente, sin mover un dedo.

¡Enhorabuena! Tu satélite ya está en órbita. Ha llevado un tiempo y esfuerzo inicial (mínimos) pero ahora funciona sin que tengas que hacer nada, **automáticamente**.

COMPRAR FONDOS INDEXADOS "MANUALMENTE"

Ya sabes que a mí no me gusta esta alternativa y no la utilizo personalmente.

Solo hay un caso en el que te recomendaría utilizar esta opción: si prefieres elegir tú mismo la composición exacta de tu cartera.

En ese caso podrías abrir cuenta, por ejemplo, en Myinvestor (la que yo utilizaría) y contratar los fondos directamente. En mi web te explico cómo hacerlo.

PLAN DE PENSIÓN INDEXADO

La ventaja del plan de pensiones vs el fondo de inversión es fiscal. **Lo que aportes a un plan de pensión "desgrava" en tu IRPF.**

Como desventaja (o ventaja, según se mire), no podrás rescatar el plan de pensiones hasta pasados 10 años, salvo en casos excepcionales como invalidez, desempleo o jubilación.

Las variables para decidir si inviertes en un fondo de inversión o un plan de pensiones son, en mi opinión:

- **Tus ingresos actuales:** cuanto mayores sean, mayor es tu "tipo marginal de IRPF" (ver más adelante) y por tanto más ahorro fiscal consigues.

- **Tu previsión de ingresos en el momento de retirar y el tipo marginal IRPF futuro:** si tu intención es retirar en el momento de la jubilación, lo normal es que tengas menores ingresos y, si los tipos impositivos se mantienen (por ver, aunque la tendencia es alcista), el impuesto que pagues será menor al ahorro actual.

  También podrías optar por retirar en varios años para que el impuesto a pagar sea menor

- **Invertir o no "el ahorro fiscal".** Aquí está la clave: Si decides utilizar ese menor impuesto a pagar para "re-invertir" (lo cual tiene todo el sentido en mi opinión), entonces la balanza empieza a decantarse por el plan de pensiones.

- **La rentabilidad del fondo vs el plan.** Como hemos visto, tradicionalmente los planes han tenido menor rentabilidad que los fondos, pero con los planes de pensión indexados esto no ocurre y su rentabilidad es la misma (o casi).

- **Cuánto valores la liquidez**: hasta 2015, los planes de pensión no eran rescatables hasta la jubilación. Ahora esta condición es más laxa y se puede retirar en 10 años, lo cual es razonable.

  Si quieres tener liquidez inmediata, entonces mejor utilizar el fondo de inversión.

  Si puedes comprometerte 10 años (debería ser un horizonte razonable si eres inversor de largo plazo e incluso podría protegerte de retirar en el peor momento), entonces la balanza se inclina hacia el plan de pensiones

Vamos a ver un ejemplo:

A un plan de pensiones puedes aportar como máximo 1.500 € anuales o el 30% de tus ingresos (la menor cantidad).

Y el impuesto de la Renta (IRPF) va por tramos. Pagas un porcentaje creciente conforme más ingresas.

Es importante entender el concepto de "tipo marginal": es el tipo que pagas por el último euro que ganas.

Ingresos Brutos	Tipo	Ahorro fiscal (aportación 1.000 €)	Ahorro fiscal máximo (aportación 1.500 €)
0 a 12.450 €	19 %	190 €	285 €
12.450 a 20.200 €	24 %	240 €	360 €
20.200 a 35.200 €	30 %	300 €	450 €
35.200 a 60.000 €	37 %	370 €	555 €
60.000 € a 300.000€	45 %	450 €	675 €
Más de 300.000 €	47 %	470 €	705 €

Fuente: *Agencia Tributaria y elaboración propia*

Aprovecho para recordar/explicar cómo funciona el impuesto sobre la renta con un ejemplo de una persona que ingrese 35.000 € brutos anuales.

¿Cuánto pagará de impuestos?

- Entre 0 y 12.450 €, un 19%, es decir: 2.365 €

- Entre 12.450 y 20.200 €, un 24%, es decir: 1.860 €

- Entre 20.200 y 35.000 €, un 30%, es decir: 4.440 €

En total: **8.665 €.**

Bien, ahora supongamos que esta persona decide aportar a su plan de pensiones el máximo permitido (desde 2022): 1.500 € en un año (en 2021 eran 2.000€ y hasta 2020 eran 8.000€).

¿Cuál será su impuesto después de esta aportación al plan de pensiones?

Su base imponible ahora será de 35.000 € - 1.500 €= 33.500 €

Por tanto, su impuesto a pagar será 2.365 € (tramo 1, sin cambios) + 1.860 € (tramo 2, sin cambios) + 30% entre 20.200 y 33.500 € (3.990€) = **8.215 €.**

En otras palabras: ha conseguido un *ahorro fiscal* **de 450 €.**

Fíjate en que el ahorro fiscal es = Tipo Marginal (en %) * Aportación (€)

En la tabla anterior puedes ver qué ahorro fiscal conseguirías si aportas 1.000 € o el máximo (1.500 €) en función de tu nivel de ingresos previo a la aportación, en un año concreto (tipos impositivos de 2023).

Visto esto y para completar la **comparativa entre plan de pensiones vs fondo de inversión** debemos hacer una simulación a lo largo del tiempo:

	Supuestos
Aportación/Inversión	1.000 €
"Reinversión" del ahorro fiscal	Sí
Rentabilidad anual	4%
Tipo Marginal IRPF Hoy	30%
Tipo Marginal IRPF en jubilación	24%
Impuesto sobre las ganancias de capital	19%

Fuente: Elaboración propia

Año	Plan de pensiones	Fondo de inversión
1	1.000 €	1.000 €
2	1.340 € (incluye la "reinversión" del ahorro fiscal)	1.040 €
3	1.394 €	1.082 €
4	1.449 €	1.125 €
5	1.507 €	1.170 €
6	1.568 €	1.217 €
7	1.630 €	1.265 €
8	1.696 €	1.316 €
9	1.763 €	1.369 €
10	1.834 €	1.423 €
...	Interés compuesto trabajando 20 años...	Interés compuesto trabajando 20 años...
30	4.018 €	3.119 €
Patrimonio antes de impuestos	4.018 €	3.119 €
Impuesto a pagar	IRPF por el retiro (son ingresos)	Ganancia patrimonial del beneficio obtenido
Impuesto a pagar (€)	-964 € (24% sobre 4.018 €)	-402 € (19% sobre 2.119 €)
Patrimonio después de impuestos	3.054 €	2.716 €

Fuente: Elaboración propia

Debemos considerar un período de tiempo largo para que el interés compuesto tenga tiempo suficiente de actuar.

Como vemos en la simulación, siempre que "reinvirtamos" el ahorro fiscal (insisto en esto porque es la clave), gana el plan de pensiones.

	Resultado
Plan de Pensiones	3.054 €
Fondo de Inversión	2.716 €
Diferencia a favor del Plan de Pensiones (€)	338 €
Diferencia (%)	+34%
Diferencia (% anual compuesto)	+1,0% anual

Fuente: Elaboración propia

Un +1% de rentabilidad anual adicional puede convertirse en una gran diferencia. El ejemplo está hecho sobre únicamente 1.000 € y para un único año, pero imagina la diferencia en caso de inversiones mayores (aunque lamentablemente cada año nos dejan invertir menos) todos los años.

Conclusión:

Te interesa optar por el plan de pensiones si crees que tu tipo marginal futuro será menor al actual, lo cual es probable si tus ingresos actuales son medio/altos.

No te interesa si crees que tu tipo marginal futuro será mayor al actual (sería extraño, pero es posible) o si valoras mucho la liquidez.

Nota: debes saber que ante casos excepcionales (como desempleo) sí podrías rescatar el plan de pensiones. De hecho, con condiciones ventajosas: tributando al 0%.

Opciones de Planes de Pensión Indexados:

	Indexa Capital	Finizens	ING	Inbestme / Finanbest / Popcoin
Comisión Total	0,52 %	0,55 %	0,85 a 1,32 %	0,82 a 1,31%
Mínimo Inicial	1.500 €	50 €	0 €	50 a 1.000 €
Cercanía al cliente y atención	✓✓	✓	Mejorable	✓
Volumen gestionado	220 M€	33 M€	+1.000 M €	Menos de 10M€
Mi Opinión	10/10	10/10	6/10	5/10
El que yo utilizo (2023)	✓			

Fuente: *CNMV, webs de las plataformas y elaboración propia*

Tanto Finizens como Indexa tienen los planes de pensión más atractivos bajo mi punto de vista. Se diferencian por el mínimo de inversión principalmente. El de Finizens además incluye REITs (inversión inmobiliaria) y oro.

¿No hay promoción para los planes de pensión?

No. En el caso de los planes de pensión verás que no se ofrecen promociones porque la regulación impide que dos partícipes tengan una comisión distinta.

Lo que sí puedes hacer en el caso de Indexa es abrir el plan de pensión con un link de amigo y en ese caso te guardarán "el regalo" si más adelante abres una cuenta de fondos.

¿Y si quiero usar Indexa Capital (menor comisión) pero no quiero invertir 1.500 € iniciales?

Indexa también tiene sus 2 planes de pensión (el de renta variable y el de renta fija) disponibles a través de un comercializador como Myinvestor. Por lo que podrías contratarlos manualmente desde allí sin mínimo.

En mi web lo explico con mayor detalle.

Capítulo 7

El momento de la jubilación

Te prometí que te jubilarías millonario; Aquí tienes tus MILLONES

Si inviertes como propongo esta tabla te dará una idea de lo que puedes esperar:

Valor final de la cartera en términos NOMINALES (Rent. nominal 6% e inflación del 2%)

AÑOS	Aportación mensual			
	100 €	200 €	400 €	800 €
10	18.185 €	36.370 €	72.740 €	145.479 €
20	54.734 €	109.468 €	218.935 €	437.870 €
30	125.042 €	250.083 €	500.167 €	1.000.334 €
40	256.870 €	513.740 €	1.027.481 €	2.054.961 €
50	500.168 €	1.000.337 €	2.000.674 €	4.001.347 €

Fuente: Elaboración propia

La tabla (términos nominales) muestra el capital generado a partir de aportaciones mensuales de entre 100 y 800 euros durante 10-50 años. Supuestos:

a) **Una rentabilidad nominal anual del 6%.** Utilizo un 6% suponiendo una cartera 50% renta variable (8% de rentabilidad estimada) / 50% renta fija (4% de rentabilidad estimada). Así los datos son conservadores (mejor pecar de conservador que de optimista).

b) **Un aumento de las aportaciones** conforme a una inflación anual del 2%.

Nota: diferencia entre los conceptos de valor **"nominal"** y **"real"**. Todas las cifras económicas se pueden expresar en términos nominales o reales. Y, de hecho, es habitual que en la prensa se pueda usar uno u otro para "maquillar" las noticias.

Cuando hablamos en términos **nominales**, nos referimos a los precios sin descontar la inflación.

Cuando hablamos en términos **reales**, nos referimos a los precios, habiendo descontado la inflación.

IMPORTANTE:
REAL= NOMINAL – INFLACIÓN

Ejemplo:
Rentabilidad Nominal: 6%
Inflación: 2%
Rentabilidad Real= 6%-2%=4%

Lo que realmente importa es la rentabilidad REAL

¡De poco sirve tener rentabilidades nominales muy altas si la inflación es igual o incluso mayor, por lo que la rentabilidad real (la que importa al inversor) podría llegar a ser negativa!

Por ello, te enseño la **tabla** anterior, **ahora en términos reales**, es decir: habiendo descontado el efecto de la inflación:

Valor final de la cartera en términos REALES (Rent. nominal 6% e inflación del 2% = Rent Real del 4%)

AÑOS	Aportación mensual			
	100 €	200 €	400 €	800 €
10	14.984 €	29.967 €	59.934 €	119.869 €
20	37.163 €	74.326 €	148.652 €	297.304 €
30	69.994 €	139.988 €	279.976 €	559.952 €
40	118.592 €	237.184 €	474.367 €	948.735 €
50	190.529 €	381.057 €	762.114 €	1.524.228 €

Fuente: Elaboración propia

En esta tabla he tenido en cuenta **una rentabilidad real del 4%**. Realmente nos daría lo mismo tener *rentabilidad nominal alta* (por ejemplo, del 10%) e *inflación* del 6% (10%-6%=4%) que una *rentabilidad nominal menor* (por ejemplo, del 4%) y una *inflación* del 0% (4%-0%=4%). La rentabilidad real sería la misma.

En los años de la crisis/post-crisis (2008- ¿?) la inflación en el mundo y en España especialmente ha sido muy baja (menor al 2% anual) y esto ha hecho que las rentabilidades reales hayan sido más altas. La idea con la que hay que quedarse es ésta: **si hay inflación baja, podemos conformarnos con menor rentabilidad nominal.**

Por ejemplo, viendo la tabla, sabemos que, si invertimos 200 euros al mes durante 40 años, conseguiremos un capital de 237.184 euros en términos reales (o, mejor dicho, el dinero equivalente para poder comprar bienes por lo que a día de hoy vale 237.184 euros). Será más dinero en términos nominales (513.740 euros, como podemos ver en la tabla de antes).

¿Cómo se relacionan ambas tablas (real y nominal)? Por el efecto de la inflación.

Valor del dinero con inflación del 2%

AÑOS	Valor	X
10	122 €	1,22x
20	149 €	1,49x
30	181 €	1,81x
40	221 €	2,21x
50	269 €	2,69x

Fuente: Elaboración propia

Si haces los cálculos verás que 237.184 x 2,21 (lo que ha subido en coste de la vida en 40 años con una inflación del 2%) = 513.000 euros (aproximadamente). Como ves, **las dos tablas son las dos caras de una misma moneda: una versión es nominal y la otra real.**

Lo más **importante** de la tabla es lo siguiente: ¡El tiempo es ORO! Si empiezas a invertir lo suficientemente pronto, puedes ser millonario cuando llegue el momento de retirarte.

Nota: extrapolar las cantidades de la tabla es sencillo. Si quieres conocer cuánto obtendrías si inviertes 50€, multiplica las cantidades de la columna "100€" por 0,5. Si quieres conocer cuánto obtendrías invirtiendo 300€, multiplícala por 3.

Atención: la tabla es "lineal" en cuanto a las aportaciones (si inviertes 200€ obtendrás el doble que si inviertes 100€), pero "exponencial" en cuanto a los años: cada vez el dinero crece más deprisa, se acelera el crecimiento por el efecto "bola de nieve", también conocido como "magia del interés compuesto". En otras palabras, el tiempo es MÁS importante que el dinero invertido. EMPIEZA HOY.

¿Qué pasa si no puedo esperar tanto tiempo?

Si eres impaciente y quieres dar el pelotazo para jubilarte a los 35 años … entonces todo esto no es para ti. Lo siento. En el método que te he explicado no hay sustituto para el tiempo. Si te quieres jubilar antes, las matemáticas son claras: empieza cuanto antes y aporta la mayor cantidad posible.

"Tengo 50 años, ya es tarde"

No te voy a engañar: efectivamente, es un poco tarde. Pero no está todo perdido, aún tienes 15-20 años por delante: **deberás reducir gastos y aumentar tus aportaciones** (utilizando una combinación de renta variable y renta fija, debido a la cercanía de la jubilación). Es una pena que no nos hayamos conocido antes.

Te recomiendo también que, si crees realmente que tu caso está perdido, empieces entonces a pensar en el futuro de tus hijos. Invierte y edúcalos financieramente para garantizar su futuro. Ellos sí que llegan a tiempo. En muy buen momento de hecho.

Convéncete: Te recomiendo que empieces a familiarizarte con el funcionamiento del interés compuesto y te convenzas cuanto antes de la importancia de empezar pronto.

¿Cuánto deberías ahorrar para jubilarte?

Esta pregunta es, sencillamente, imposible de contestar. Dependerá de tu ritmo de vida, algo que no conocerás hasta que te jubiles. De tu situación familiar, algo que no conocerás hasta que te jubiles. De tu salud, algo que no conocerás hasta que te jubiles. Y, por cierto, tampoco sabes a ciencia cierta cuándo te jubilarás. Por tanto, ahorra todo lo que puedas y no necesites para llevar una vida feliz (Ramit Sethi, el autor de uno de los libros que te recomiendo al final del libro, te puede enseñar mucho sobre esto: ser feliz priorizando los gastos). Sé que es una cifra muy abierta. Tendrás que decidirlo tú.

Si insistes, **aquí tienes unas pautas muy generales** para que te hagas una idea, insisto, muy aproximada:

La idea es la siguiente: has invertido periódicamente y el interés compuesto te ha permitido acumular un gran capital. Una vez llegues a "tu cifra", hay varias opciones para financiar tu jubilación, como veremos más adelante.

Calculemos primero y de manera aproximada **"TU CIFRA"**:

1) **Salario deseado**

Estima el salario mensual que necesitarás cuando te jubiles, a euros de HOY. Es decir, teniendo en cuenta los precios actuales, los que conoces y ves cada día en el supermercado. Por ejemplo, 2.000 € netos (24.000 euros netos anuales). Teniendo en cuenta la fiscalidad (rendimiento del capital mobiliario o bien ganancia patrimonial), aproximadamente te tocará pagar un 20% de impuesto. Por tanto, para obtener 24.000 euros netos anuales, necesitarás 24.000/(1-0,2)= 30.000 euros brutos.

2) **Regla del 4% (multiplicar x25)**

Multiplica la cantidad del paso 1 por 25x (regla del 4%)
= 30.000*25=750.000 euros

3) **Ten en cuenta la inflación.**

Los 750.00 euros son a día de hoy (términos nominales). Sin embargo, esta cifra irá aumentando cada año conforme aumente la inflación.

Si a día de hoy has llegado a esa cifra, ¡enhorabuena, ya has conseguido la libertad financiera!

Si no, tienes dos opciones:

a) Actualizar tu cifra cada cierto tiempo para ver si te estás acercando.

b) Hacer una previsión de cuándo conseguirás llegar a tu cifra (años aproximados) en función de cuánto inviertas cada mes. Ejemplo: hemos visto en el paso 2 que tu cifra a día de hoy es de 750.000 euros.

Si rescatamos la tabla de inversión mensual (EN TÉRMINOS REALES):

Valor final de la cartera en términos REALES (Rent. nominal 6% e inflación del 2% = Rent Real del 4%)

AÑOS	Aportación mensual			
	100 €	200 €	400 €	800 €
10	14.984 €	29.967 €	59.934 €	119.869 €
20	37.163 €	74.326 €	148.652 €	297.304 €
30	69.994 €	139.988 €	279.976 €	559.952 €
40	118.592 €	237.184 €	474.367 €	948.735 €
50	190.529 €	381.057 €	762.114 €	1.524.228 €

Fuente: Elaboración propia

4) **¿Cuánto necesitas invertir cada mes para llegar a TU CIFRA?**

Fíjate en la tabla para hacerte una idea de la aportación mensual que deberías hacer. No te obsesiones con las cantidades exactas. Como hemos visto, en realidad es imposible saber cuánto necesitarás y lo mejor que puedes hacer son aproximaciones.

En la tabla podemos ver que, si tenemos 40 años por delante para invertir, llegaremos a la cifra (en el ejemplo, 750.000€) invirtiendo entre 400-800 euros al mes. Concretamente, 632 euros/mes (se calcula por regla de 3).

Nota importante: esto supone que no tengamos ningún ahorro al comienzo. **Si lo tuviéramos, la situación mejoraría bastante y podríamos invertir menos** o reducir los años necesarios.

A todo cerdo le llega su San Martín: cómo financiar la jubilación

Si has hecho los deberes y has invertido periódicamente, ¡**enhorabuena**! Tu jubilación está asegurada. Al margen de tu pensión pública. El 90% del trabajo está hecho. Ahora llega el momento de recoger los frutos.

Hasta el momento de retirarte estabas en *modo "inversión"*, haciendo uso de productos fiscalmente eficientes (fondos de inversión indexados) que permitían aprovechar totalmente el poder del interés compuesto.

Cuando te retires, debes **cambiar** radicalmente el **chip**. Tendrás un capital y tu objetivo será gestionarlo para pagar tus gastos.

Sin embargo, existe un problema: ahora el **interés compuesto juega en tu contra**. Especialmente si "sobrevives" durante demasiado tiempo. Tus necesidades irán subiendo conforme a la inflación, creciendo cada vez más deprisa, y este "efecto bola de nieve" (ahora negativo) puede arrasar con lo sembrado durante décadas. Hoy en día no es tan extraño vivir 90 o 100 años: 25 o 35 años tras la jubilación.

Una forma simple y eficiente: "la regla del 4%"

La pregunta de qué hacer con el dinero acumulado durante la etapa laboral cuando llegue la jubilación es importante. De las más importantes.

Se ha escrito mucho sobre ello y hay muchas opiniones. Una de las fórmulas más aceptadas es "la regla del 4%".

Nota/advertencia: a lo largo del libro, he intentado advertirte de que no hay "reglas" ni "fórmulas" mágicas. Cuidado con tomar las recomendaciones financieras (de quien sea) al pie de la letra. Es bueno tener referencias simples y concretas, aunque no las tomes por verdades absolutas.

Hecha esta advertencia, te explico en qué consiste esta **"regla del 4%"** y de dónde proviene: el planteamiento es mantener tu cartera de fondos cuando llegue la jubilación e ir vendiendo una parte cada año. ¿Cuánto? Un máximo del 4% del valor de cada momento. Así de simple.

¿Por qué el 4%? Se basa en un estudio de la universidad de Trinity de 1998 y actualizado posteriormente por Wade Pfau. El estudio analiza qué hubiera pasado con un inversor americano que se retira con una cartera (50% renta fija y 50% renta variable americanas) en distintos momentos y durante 30 años siguientes. El objetivo es ver cuál es la tasa de reembolso (el % que se retira de la cartera anualmente para financiar los gastos de vida del retirado) que permite no quedarse sin dinero.

Pues bien, veamos este gráfico:

Figure 2.1
Maximum Sustainable Withdrawal Rates
For 50/50 Asset Allocation, 30-Year Retirement Duration, Inflation Adjustments, No Fees
Using SBBI Data, 1926-2010, S&P 500 and Intermediate-Term Government Bonds

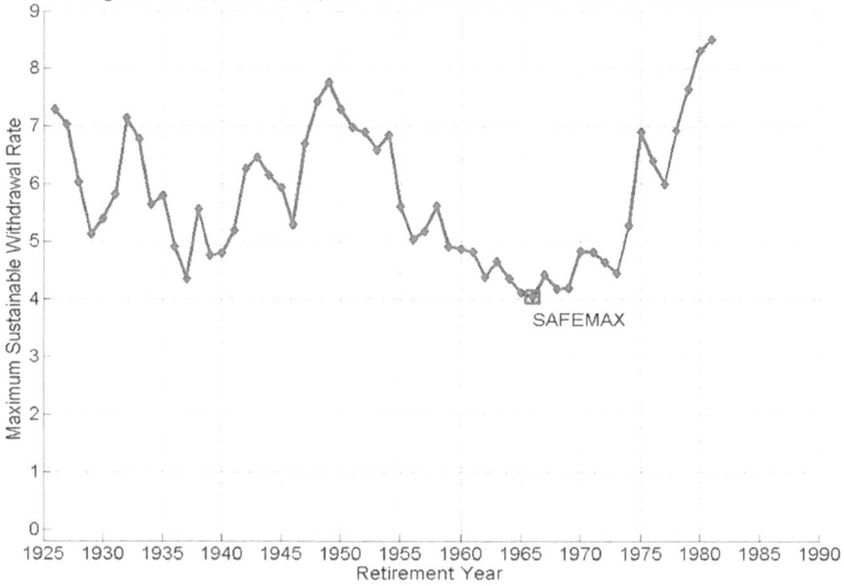

Fuente: Blog de Sieiro.es

El gráfico nos dice que, en el escenario más adverso, un 4% de tasa de reembolso hubiera sido suficiente para mantener los gastos y "sobrevivir" durante 30 años.

Críticas y contra-críticas: Como bien dice Jorge Sieiro en su blog, el estudio se centra en el mercado americano únicamente (no en una cartera global). Aunque también es cierto, que el estudio supone que no vas a cobrar nada de una pensión pública, que no vas a generar ingresos de ninguna forma, que no vas a recibir ninguna herencia o que no vas a hacer algo que suele ser habitual en personas mayores (reducir el nivel de gastos).

Otra forma de ver la regla del 4% es esta:

	% Cartera	Rentabilidad esperada
Renta variable	50%	8%
Renta fija	50%	4%
Total		6%
Inflación		2%
Rentabilidad real		**4%**

Fuente: Elaboración propia

El razonamiento del 4% viene de suponer una cartera "50% Renta variable – 50% Renta fija" con unas rentabilidades esperadas del 8% y el 4% respectivamente. Esto nos da una rentabilidad de la cartera del 6%. Si a esto le restamos un 2% de inflación, nuestra rentabilidad real será del 4% anual. Y si nuestra tasa de reembolso coincide con la rentabilidad real de la cartera:

1. Los reembolsos aumentarán conforme a la inflación.

2. La cartera mantendrá su valor en términos reales (es decir, teniendo en cuenta el efecto de la inflación).

Podemos verlo en esta tabla:

Evolución de cartera siguiendo la regla del 4% (durante 30 años de reembolsos)

Años	Capital inicial	Revalorización	Reembolso	Capital final	IPC	Capital inicial en términos reales
1	€750.000	€45.000	€30.000	€765.000	100	€750.000
2	€765.000	€45.900	€30.600	€780.300	102	€750.000
3	€780.300	€46.818	€31.212	€795.906	104	€750.000
4	€795.906	€47.754	€31.836	€811.824	106	€750.000
5	€811.824	€48.709	€32.473	€828.061	108	€750.000
6	€828.061	€49.684	€33.122	€844.622	110	€750.000
7	€844.622	€50.677	€33.785	€861.514	113	€750.000
8	€861.514	€51.691	€34.461	€878.745	115	€750.000
9	€878.745	€52.725	€35.150	€896.319	117	€750.000
10	€896.319	€53.779	€35.853	€914.246	120	€750.000
11	€914.246	€54.855	€36.570	€932.531	122	€750.000
12	€932.531	€55.952	€37.301	€951.181	124	€750.000
13	€951.181	€57.071	€38.047	€970.205	127	€750.000
14	€970.205	€58.212	€38.808	€989.609	129	€750.000
15	€989.609	€59.377	€39.584	€1.009.401	132	€750.000
16	€1.009.401	€60.564	€40.376	€1.029.589	135	€750.000
17	€1.029.589	€61.775	€41.184	€1.050.181	137	€750.000
18	€1.050.181	€63.011	€42.007	€1.071.185	140	€750.000
19	€1.071.185	€64.271	€42.847	€1.092.608	143	€750.000
20	€1.092.608	€65.557	€43.704	€1.114.461	146	€750.000
21	€1.114.461	€66.868	€44.578	€1.136.750	149	€750.000
22	€1.136.750	€68.205	€45.470	€1.159.485	152	€750.000
23	€1.159.485	€69.569	€46.379	€1.182.674	155	€750.000
24	€1.182.674	€70.960	€47.307	€1.206.328	158	€750.000
25	€1.206.328	€72.380	€48.253	€1.230.454	161	€750.000
26	€1.230.454	€73.827	€49.218	€1.255.064	164	€750.000
27	€1.255.064	€75.304	€50.203	€1.280.165	167	€750.000
28	€1.280.165	€76.810	€51.207	€1.305.768	171	€750.000
29	€1.305.768	€78.346	€52.231	€1.331.884	174	€750.000
30	€1.331.884	€79.913	€53.275	€1.358.521	178	€750.000

Fuente: Carlos Galán

La tabla tiene en cuenta estos supuestos:

	Supuestos		
Gastos anuales (brutos)	**30.000€**		
Rentabilidad de cartera	6,0%		
Inflación	**2,0%**		
Tasa de reembolso	4,0%	25x	
Cartera inicial necesaria	750.000€	30.000€ x 25	

Fuente: Elaboración propia

Como puedes ver, tus reembolsos (gastos) aumentan conforme a la inflación del 2%. Y el capital se mantiene en términos reales (ver última columna). Esto está muy bien porque así podrás dejar una herencia si quieres.

Si eres más **conservador**, puedes optar por una **menor tasa de reembolso.** Por ejemplo, del 3% (equivalente a multiplicar tus gastos anuales x 33 veces).

Otra consideración: el momento en el que comienzas a retirar es importante. No es lo mismo hacerlo después de un gran periodo alcista que después de una gran crisis. Para protegernos de esto:

1. Por eso se usa una tasa de reembolso razonable (del 3-4%).
2. Por eso tienes renta fija en la cartera: para amortiguar en parte los movimientos.
3. Por eso deberías ahorrar algo más de lo previsto.

OTRAS OPCIONES:

El problema de los depósitos

Supongamos que a la edad de 65 años inviertes todo tu dinero en un depósito que rinde, exactamente, lo mismo que la inflación. Bien, entonces tu dinero se acabará exactamente dentro de 30 años (o cualquiera que sea la cifra que hayas utilizado en el *paso 4*). Esto quiere decir que, si llegas a cumplir 95 años, te quedarán 0 euros en la cuenta y estarás arruinado. **La inflación se habrá comido lentamente tus ahorros.**

La opción conservadora

La opción más conservadora es comprar un *"seguro de rentas"*. Pagas a una aseguradora una cantidad de dinero y te garantizan una pensión de por vida. No te faltará dinero el resto de tus días. Aunque vivas 300 años, la aseguradora corre el riesgo. Sin embargo, no podrás dejar una herencia a tus hijos porque la cantidad pagada a la aseguradora no es devuelta. Y perderás toda la flexibilidad: ya no podrás gastar el dinero porque ya no lo tendrás. Deberás esperar a tu renta mensual antes de poder gastar. ¿Qué ocurre si quieres dar la vuelta al mundo después de enterarte de que te queda poco tiempo de vida?

Ejemplo: con 1,5 millones € obtenidos después de pagar impuestos al vender **TU CIFRA**, podrías comprar un seguro de rentas que pague en torno a 60.000 euros anuales, AJUSTADOS por la inflación. Es decir, tu salario se actualizará cada año de acuerdo a la inflación y mantendrás tu poder adquisitivo.

Una opción más compleja: Generar tus propias rentas (dividendos y/o intereses)

Esta propuesta es fiscalmente menos eficiente y más complicada.

La propuesta es comprar ETF's que repartan dividendos. ETF's compuesto por acciones que paguen dividendos medio-altos (3-4%) y tengan una cultura de cuidar al accionista (incremento histórico del dividendo). De esta manera tendremos un salario (proporcionado por los dividendos que pagan las empresas) y mantendremos el valor de nuestra cartera (a largo plazo).

Nota: ¿por qué ETF's? ¿Qué es un ETF? ¡Buena pregunta! Un ETF (Exchange Traded Fund) es básicamente un fondo de inversión que cotiza directamente en bolsa, como si fuera una acción, cambiando de precio cada segundo. El tratamiento fiscal es el mismo de las acciones, es decir, peor que el de los fondos.

Propongo utilizar ETF's porque por el momento no he encontrado fondos de reparto de dividendos interesantes. No obstante, la globalización y la competencia juegan a nuestro favor. Es muy posible que aparezcan fondos de inversión interesantes. Si te suscribes a mi LISTA DE

INVERSIÓN (al final del libro te explico cómo), te mantendré al corriente de todo esto.

SPDR S&P Global Dividend Aristocrats UCITS ETF (ISIN IE00B9CQXS71)

Éste es, en mi opinión, el ETF de reparto de dividendos más interesante a día de hoy. Incluye a 100 empresas "aristócratas" de todo el mundo que han mantenido o incrementado su dividendo consecutivamente durante los últimos 10 años. Tiene unos gastos moderados (0,45% anual). Su rentabilidad bruta por dividendo está en torno al 3% anual. Distribuye dividendos trimestralmente (febrero, mayo, agosto y noviembre). Cotiza en varias bolsas (italiana, alemana, suiza o británica) y en varias divisas (euros, francos suizos o libras esterlinas). Recomiendo comprarlo en euros.

Otros ETF's similares (pero NO globales):

- **SPDR S&P US Dividend Aristocrats UCITS ETF (IE00B6YX5D40).**
  La misma filosofía pero sólo con acciones americanas.

- **SPDR S&P Euro Dividend Aristocrats UCITS ETF (IE00B5M1WJ87).** El equivalente europeo.

- **SPDR S&P Pan Asia Dividend Aristocrats UCITS ETF (IE00B9KNR336).** El equivalente asiático.

Inconvenientes

1. El salario no será fijo y, en una época de crisis, algunas empresas pueden recortar el dividendo.

2. Dado que se trata de renta variable, a corto plazo puede haber caídas importantes (de hasta el 50%). Aunque las acciones que pagan dividendos y los mantienen suelen ser más estables y tienden a sufrir menos que el mercado.

Por ello, es recomendable **no depender únicamente de esta fuente** de ingresos y combinarla con otros productos: tu cartera de fondos (con la regla del 4%), seguro de rentas, depósitos o ETF's de renta fija como los que te presento a continuación:

ETF's de renta fija:

- **SPDR Barclays Euro Government Bond UCITS ETF (IE00B3S5XW04).**
  Invierte en renta fija de los gobiernos europeos. Paga intereses cada 6 meses (febrero y agosto). Su rentabilidad por dividendo es de 0,3% aprox (los tipos de interés están en mínimos históricos). Tiene unos gastos del 0,15% anual.

- **SPDR Barclays Euro Corporate Bond UCITS ETF (IE00B3T9LM79).** Similar al anterior, pero invierte en renta fija de empresas europeas (algo más arriesgado). También hace dos pagos al año y su rentabilidad por dividendo es algo mayor (a mayor riesgo, mayor rentabilidad), de un 1% aprox.

- **SPDR Barclays Euro Aggregate Bond UCITS ETF (IE00B41RYL63).** Una mezcla entre los dos anteriores: incluye renta fija de gobiernos y de empresas. Su rentabilidad por dividendo anual se sitúa en el 0,5% (tipos de interés en mínimos históricos).

Nota: ¿por qué no invertir en fondos/ETF's de reparto de dividendos desde un principio? En mi opinión, porque es ineficiente fiscalmente (cobrar dividendos implica pagar impuestos). Yo prefiero no retirar dinero en la fase de inversión para maximizar el poder del interés compuesto.

Una de las claves para que todo el sistema funcione de verdad (no sólo a nivel económico) es que te SIENTAS CÓMODO. Por tanto, infórmate para encontrar aquello que se adapte mejor a tu personalidad. Yo te puedo mostrar las distintas opciones, pero la decisión final es siempre tuya. Y la responsabilidad también. Es lo que tiene ser independiente de Papá Estado. ¡Te aseguro que merece la pena!

Capítulo 8

FAQ: Todas tus dudas, y más, resueltas

1. **Todo lo que dices suena muy bien y me gustaría empezar a invertir como propones. Pero no tengo tiempo de hacer los trámites o me da miedo equivocarme. ¿Puedes echarme una mano?**

    Claro, como parte del «KIT de recursos de iniciación» *Independízate* está la guía para empezar a invertir en 20 minutos, donde explico el paso a paso que yo utilizo. Lo puedes conseguir gratis en www.carlosgalan.net, registrándote con tu correo electrónico.

2. **Jolín, pero invertir a largo plazo es muy aburrido.**

    Invertir de forma automática, diversificando con fondos y a largo plazo es aburrido. Ya lo sé. Pero es la forma más probable de que ganes mucho dinero de forma fiable. Así que, llegados a este punto vas a tener que decidir: ¿quieres jubilarte millonario o no? Carne o pescado. DECIDE.

3. Me gustaría empezar a invertir, pero NO TENGO DINERO.

Estoy prácticamente seguro de que puedes conseguir, al menos, un euro al día para invertir. Aunque seas estudiante. Con eso ya puedes empezar.

¿Todavía ves imposible ahorrar 1 euro al día? Permíteme que contraataque: ¿Fumas? ¿Juegas a la lotería? Si es así, ya tienes por dónde recortar. Y si no es así, piensa que bien podría ser tu caso y, sin importar tu condición social o económica, conseguirías el dinero para ello.

¿Cuánto cuesta el hecho de fumar realmente?

Un fumador medio gasta dos cajetillas por semana de media. A 5 euros por paquete esto son 10 euros a la semana o 40 euros al mes. No parece demasiado... Pero ¿cuánto vale esto a lo largo de una vida? Es decir, un chaval de 25 años que decida dejar de fumar e invertir esos 40 euros todos los meses, ¿cuánto dinero tendrá con 65 años? Haz tu apuesta...

Nada más y nada menos que 168.000 euros. Y eso sin aumentar la cantidad mensual de 40 euros (si asumimos una conservadora inflación anual del 3%, la cifra sube hasta 239.000 euros).

Moraleja 1: ¡deja de fumar hoy!

Moraleja 2: Incluso pequeñas cantidades, invertidas durante largos períodos, pueden convertirse en una pequeña fortuna.

Juega a tu propia lotería y hazte rico de verdad

¿Cuánto se gasta el español medio en lotería? Según Loterías y Apuestas del Estado, unos 200 euros al año. Esto sólo incluye el gasto en "Loterías". No incluye el gasto en la "ONCE", casinos, bingos o apuestas deportivas (la media está en torno a 300 euros). Es decir, el español medio se gasta unos 500 euros en "juego" cada año.

Si en vez de tirar ese dinero a la basura año tras año, decides invertirlo como te propongo, después de 40 años (por ejemplo, desde los 25 hasta los 65) tendrás unos 140.000 euros (200.000 si cada año aumentas tu gasto conforme a la inflación, suponiendo un 3% anual). No está nada mal, ¿verdad?

Incluso aunque a día de hoy te sea imposible ahorrar dinero para invertir, mi consejo es que abras HOY la cuenta en tu bróker y vayas enviando dinero en pequeñas cantidades.

4. "Jugar" a la bolsa es muy excitante. Aunque soy consciente de que no conseguiré igualar la rentabilidad del mercado, me divierto.

Si te tomas la bolsa como un hobby y sigues unas reglas (las tuyas propias) a raja tabla, me parece bien tener una parte de la cartera invertida directamente en acciones (máximo un 25%). Pero no debería ser la parte principal.

Yo personalmente sigo invirtiendo en acciones por mi cuenta con el 25% de mi inversión porque la sensación de crear dinero con tus ideas es inigualable. Pero el grueso del patrimonio (75%) está "protegido" de mis emociones y errores.

5. "Creo" que la bolsa va a caer. Está muy alta, ya ha subido demasiado. ¿Debería vender o traspasar a un fondo más conservador?

El 70% del tiempo la bolsa está subiendo. No tenemos ni idea de lo que hará en los próximos meses o años. Nadie lo sabe. Por alta que esté, la bolsa siempre puede seguir subiendo. La filosofía de este libro consiste en no tratar de predecir los próximos movimientos, sino en comprar siempre, pase lo que pase, como un ordenador, sin sentimientos.

Mi recomendación es NO vender ni traspasar a un fondo más conservador. Nadie sabe lo que pasará.

6. La bolsa ha caído un 40%. Estoy perdiendo mucho dinero. Cada vez más. ¿Debería vender?

Nunca, nunca, nunca vendas después de una caída del mercado. Este sistema requiere de fe. **Es en los peores momentos cuando acumulas muchas participaciones a bajo coste**. Es cuando realmente avanzas. Si no estás preparado para ver tanta volatilidad en tu cartera, incluye mayor proporción de renta fija para rebajar el riesgo. **Si utilizas Indexa Capital, puedes rebajar tu nivel de riesgo desde tu cuenta y el porcentaje de renta fija aumentará automáticamente**. Si utilizas otro bróker, deberás hacerlo manualmente.

7. Tengo un dinero importante que invertir (por ejemplo 60.000 euros) ¿Cuándo es el momento?

Si tenemos una cantidad que queremos empezar a invertir y lo hacemos "de golpe", corremos el riesgo de que justo comiencen las caídas y, al cabo de un año, estemos perdiendo un 30 o 40% del dinero. Por ello la solución es utilizar el "dollar cost averaging" a lo largo de 5 años (por ejemplo). ¿En qué consiste esto? Muy sencillo, simplemente quiere decir que en lugar de invertir los 60.000 euros (del ejemplo) hoy, de una sola vez, lo vamos a ir **invirtiendo periódicamente**. Es decir 60.000/5 años=12.000 euros al año. O lo que es lo mismo, invertiremos 1.000 euros al mes.

Si comienzan las caídas estaremos encantados porque podremos comprar un mayor número de participaciones a bajo precio.

Si por el contrario la bolsa sube, nos arrepentiremos de no haber comprado todo al principio, cuando estaba más barata. Pero esto es una carrera de fondo. Jugamos al largo plazo. Y es preferible saber con certeza que no estamos comprando una cantidad tan importante en el peor momento.

8. **Si la bolsa siempre sube y el sistema es tan evidente, ¿por qué no lo usa todo el mundo?**

   Existen muchas razones. Por un lado, la mayor parte de la población es inculta financieramente y a la industria financiera le conviene esta situación (para cobrar más comisiones con productos de baja calidad). Por otro lado, a la gente le da "miedo" la bolsa porque no tiene memoria histórica y los medios de comunicación se encargan de asustar convenientemente. Además, es un método aburrido y lento, las masas prefieren intentar dar el pelotazo.

9. **¿Y si la gestora de fondos de inversión quiebra (Caso 1)? ¿Y si mi bróker quiebra (Caso 2)? ¿Y si el fondo quiebra (Caso 3)? ¿Y si el banco depositario quiebra (Caso 4)?**

   Siguiendo con los ejemplos del libro, conviene definir:

   - Entidad gestora del fondo: Vanguard (caso 1)
   - Bróker (intermediario financiero): Indexa Capital (caso 2)
   - Fondo: Vanguard Global Stock Index Fund (caso 3)
   - Banco depositario: Inversis Banco (caso 4)

   Caso 1

   En el hipotético caso de que Vanguard como **gestora** quebrase, el patrimonio del fondo Vanguard Global Stock Index Fund está totalmente separado del patrimonio de la casa gestora. Esto debe ser así para garantizar que los ahorros de miles de personas no están en peligro.

   Caso 2

   Otro caso es que nuestro intermediario financiero (o **bróker**) quiebre. Aquí debemos distinguir entre el dinero en efectivo que mantengamos en el bróker y/o banco depositario (no debería ser mucho) y las inversiones que tengamos (por ejemplo, fondos de inversión):

Imaginemos que tenemos nuestros fondos contratados a través de Indexa y ésta quiebra. El fondo de inversión está en una cuenta de valores a nombre del cliente y totalmente separado del patrimonio del bróker. Simplemente llevaría algo de tiempo mientras se aclara el asunto y se designa un nuevo comercializador.

El dinero en efectivo. En este caso, si hablamos de un banco, el Fondo de Garantía de Depósitos cubre los primeros 100.000 euros por titular y por banco. Si hablamos de una sociedad de valores, el FOGAIN cubre también 100.000 euros. Pero únicamente del dinero en efectivo. Como hemos visto, el dinero invertido en fondos es otra historia y está separado del patrimonio del bróker y de la gestora. Si se cumple la ley, está seguro.

Caso 3

Si el **fondo** quiebra... técnicamente un fondo de inversión no puede quebrar. Sí es posible que valga cero si todas las empresas de las que es accionista quiebran, pero esto es el riesgo del mercado, ni más ni menos.

Caso 4

Si el **banco depositario** (Inversis Banco, siguiendo el ejemplo de inversión a través de Indexa Capital) quiebra: En cuanto a la cuenta corriente que está abierta a tu nombre, donde está depositado el efectivo tuyo que no haya sido invertido en valores, está asegurada por el Fondo de Garantía de Depósitos, hasta 100.000€ por titular.

En 2015 pudimos ver esta situación en la práctica (Caso Banco Madrid). Aunque en un primer momento se especuló con que los inversores podían perder sus inversiones por encima de 100.000 euros, la CNMV salió en defensa del inversor y se cumplió la ley. Se designó a CECA como depositaria y a Renta 4 como comercializador. Hubo unos cuantos meses de demora, pero el dinero quedó seguro.

En cuanto a tu cuenta de valores, está segregada del balance del banco custodio y no formaría parte de la masa de la quiebra del banco (tus valores, es decir tus participaciones en fondos, seguirían siendo tuyos).

10. Necesito dinero. Necesito vender los fondos

La clave del sistema que planteo, inversión a largo plazo, consiste en no retirar "NUNCA" el dinero. Así el interés compuesto puede hacer su trabajo. Si retiras el dinero vuelves a la casilla de salida.

Por eso debes mentalizarte verdaderamente de que el dinero invertido, es dinero prohibido, "perdido".

Evidentemente la vida es muy larga e, inevitablemente, pasan "cosas". Por eso, antes de nada, deberías reunir un "colchón de seguridad": un dinero siempre disponible (en la cuenta corriente) que cubra todos tus gastos de 3-6 meses. Incluso 12 meses si eres miedoso/a.

SÓLO en un caso extremo deberías retirar dinero de tu cuenta de inversión.

11. ¿Dónde puedo informarme sobre bolsa? ¿Webs, blogs?

La belleza del sistema de inversión automático reside en que no necesita de tu acción. No es necesario que estés informado sobre la bolsa. De hecho, **es preferible que te abstraigas y ni siquiera consultes las cotizaciones**, para evitar que tus emociones entren en juego. Consultar el precio no te aporta ningún beneficio: pase lo que pase con la cotización, tu respuesta debe ser la misma: quedarte quieto/a, no hacer nada. Tanto si sube como si baja.

Voy a hacer una reflexión un tanto "filosófica": estamos demasiado acostumbrados a compararnos. A necesitar continuamente una aprobación, una retroalimentación. A ver qué tal lo estamos haciendo. A ver qué piensan de nosotros. Hablo en general, en la vida. Y también, por supuesto, en materia de inversiones. Nos gusta consultar las cotizaciones "para ver qué tal va…" Pienso que esto puede jugar malas pasadas (yo apenas consulto el saldo de mi cuenta de inversión: quizá 3 o 4 veces al año).

Por ello sólo te daré una fuente de información: un blog sobre fondos indexados y la filosofía de inversión a largo plazo que he intentado transmitirte: www.inversorinteligente.net

12. Y si todo el mundo comienza a utilizar fondos indexados... ¿pueden morir de éxito y dejar de funcionar?

A diferencia de los fondos de gestión activa, un fondo indexado NO puede morir de éxito. Está diseñado para no fallar. Su objetivo es replicar a su índice de referencia y lo consigue el 100% de las veces. Por tanto, si mucha gente comienza a utilizar fondos indexados no pasa nada: la rentabilidad seguirá siendo la misma, la del mercado.

13. La bolsa ha caído bastante. Tengo un dinero disponible. ¿Debería aprovechar para acumular participaciones baratas?

Buena pregunta. ¡Mi respuesta es NO! Me explico: la filosofía de todo este libro consiste en NO intentar predecir el mercado. Puede que haya caído un 40% pero podría seguir cayendo perfectamente. Nadie lo sabe. Por eso propongo invertir como un ordenador.

El sistema ya compra automáticamente más participaciones a bajo precio cuando el mercado cae fuertemente.

Dicho esto, si quieres ESPECULAR (nada de malo en ello), ¡adelante! Yo lo hago con una parte de mi dinero. Y sin duda me reservo un dinero para invertirlo en caso de grandes *cracks* del mercado. Pero es eso, ESPECULACIÓN. Es decir, está separado totalmente de mi INVERSIÓN AUTOMATIZADA Y A LARGO PLAZO.

14. El mercado está "difícil/peligroso" ahora mismo. ¿Es el momento de empezar?

Me limitaré a repetir una vez más: El momento perfecto era ayer. Hoy es el segundo mejor día para empezar. Mañana será tarde.

15. "Llevo 3 meses invirtiendo y ya pierdo un 20%. Me tiemblan las piernas."

¡Cuánto me alegro! Sí, me alegro de que pierdas. La única manera de comprobar cuál es tu verdadero perfil de riesgo es experimentando caídas. Nadie aprende a torear desde la barrera. Si después de 3 meses estás perdiendo, seguramente no más de unos cientos de euros, y ya "te tiemblan las piernas", sin duda este sistema no es para ti. Introduce renta fija (menos riesgo).

Piénsalo así: si te cagas con unos pocos cientos (o miles) de euros, ¿qué pasará dentro de 20 años cuando, por ejemplo, tengas 200.000euros invertidos (muy factible si inviertes mes a mes y se da un período alcista)?

Lo importante es prepararse para ese escenario… Ahí no la puedes cagar. No te puedes permitir, vender por pánico cuando los 200.000 se conviertan en 100.000… Y te aseguro que va a pasar. Si entonces te puede el pánico, es GAME OVER.

Por eso, utiliza las caídas para averiguar tu verdadera aversión al riesgo.

16. ¿Seguro que la bolsa rendirá un 6-7-8% anual?

¡NO, NO y NO! Que quede claro. No tengo ni idea de lo que pasará. Ni tú tampoco. Lo único que sé es que históricamente ha sido muy rentable. ¡Punto!

17. ¿Este método es tuyo?

¿Qué método? Lo que he intentado explicarte es lo que yo he aprendido después de equivocarme, informarme y reflexionar. Y lo que yo aplico. No es ningún método mágico y espero que no lo veas como tal.

18. ¿Qué pasa si justo un año antes de jubilarme la bolsa se desploma?

Como hemos visto en capítulos anteriores, deberías ir reduciendo el porcentaje de renta variable ("bolsa") a medida que ese momento va acercándose.

19. ¿Cuál es la fórmula del interés compuesto? ¿Cómo calculo las rentabilidades?

Esto es importante. Tienes que conocer esta fórmula (es simple) y saber utilizarla.

$$C_f = C_i (1 + i)^n$$

Cf= Capital final

Ci= Capital inicial

i=interés anual

n= años

Supongamos que inviertes 1.000 euros. Al cabo de 10 años se han convertido en 2.000 euros. ¿Qué interés anual lo ha hecho posible? No es un 10%. Recuerda que el interés compuesto juega a tu favor y "acelera" la revalorización. Por tanto, el interés compuesto necesario habrá sido menor.

¿Cuánto?

Despejemos:

2000=1000 (1+i) ^ (10).

Por si no recuerdas de tus tiempos del colegio, se despeja así:

$$i = \sqrt[t]{\frac{C_f}{C}} - 1$$

Por tanto, el interés (i) necesario es**: 7.2%**

Regla mnemotécnica: Regla del 72: para saber cuánto tiempo (años) tardarás en doblar (x2) un dinero X, simplemente divide 72 entre el interés esperado.

Ejemplos:

Interés esperado del 7.2%: 72/7.2= 10 años

Interés esperado del 20%: 72/20= doblarías tu dinero en 3.6 años

Interés esperado del 5%: 72/5= 14.4 años

20. **Tengo un IRPF alto. Creo que me compensa invertir en mi plan de pensiones para deducirme.**

Puedes volver a leer la parte del capítulo 6 donde lo analizo en detalle.

21. **Estoy muy de acuerdo con la filosofía, pero prefiero utilizar ETF's en lugar de fondos de inversión**

Me parece perfecto. Yo he elegido los fondos por un tema de fiscalidad (se pueden traspasar sin "pasar por Hacienda"), comisiones (como no hay comisiones de entrada y salida puedo comprar pequeñas cantidades cada mes) y automatización (puedo dar órdenes automáticas). Sin embargo, hay ETF's indexados muy interesantes e incluso de mayor calidad que los fondos. Seguiré atento al mercado por si llegara un punto en el que las ventajas del ETF superan a las del fondo.

22. Necesito ver que mis inversiones "dan rentas".

Entramos en temas psicológicos. A pesar de que es más conveniente no cobrar dividendos (ello conlleva una retención de un 20% aprox) y dejar que el capital se vaya multiplicando (interés compuesto), a mucha gente le ayuda ver que sus inversiones generan rentas crecientes (aunque las reinviertan).

Sinceramente, si esto te ayuda a mantener tu disciplina inversora, ¡adelante! Lo importante es que inviertas y tengas unas reglas, un sistema. Y tengo que reconocer que a mí cada vez me atrae más la idea.

23. "Tengo 44 años, divorciada, un hijo de 11 y una hija de 14 años, un caniche llamado Capi (monísimo), un piso en propiedad (soy de Palencia) y un apartamento estupendo en Benidorm en segunda línea de playa y con hipoteca. También me gusta el cine y el teatro, leer y cocinar. Mi sueldo es de 1500 euros. Ahhh, y me llamo María. ¿Qué hago?"

De vez en cuando me llegan correos de este estilo. Aunque intento responder lo mejor que puedo, no soy un experto. Y tampoco soy asesor personal. Y además no conozco a la persona, me falta mucha información para contestarle correctamente.

Repito: NO SOY EXPERTO. No te tomes al pie de la letra todo lo que escribo. Espero haberte ayudado a "despertar". Pero sigue aprendiendo.

Nota: ni mucho menos quiero desincentivar las preguntas. Me gustan, siempre aprendo e intento ayudar. Simplemente quiero advertir que quizá no sea el más indicado para preguntas tan amplias.

24. ¿Puedo cambiar este fondo X o intermediario Y? Me da miedo fastidiar la "fórmula mágica"

Volvemos a lo mismo. De vez en cuando me llegan correos con preguntas de este estilo. No soy asesor y no pretendo serlo.

Que quede claro: la filosofía que explico no es más que eso, una forma de enfocar la inversión a largo plazo. NO ES NINGUNA FÓRMULA MÁGICA. Quizá haya pecado de simplista y por ello te lo he dado todo demasiado masticado…

Por tanto, la RESPONSABILIDAD, desde ya (desde siempre) es TUYA y sólo tuya. Tanto para bien como para mal.

25. Si opto por abrir una cuenta en un gestor automatizado, ¿puedo elegir individualmente los fondos en los que invertir?

Esta es una de las preguntas que más recibo. La respuesta es "No". En los gestores automatizados (Indexa, Finizens etc) proponen una cartera en base a tu perfil de riesgo. Si te gusta, inviertes y ellos se encargan del resto. No es un bróker al uso en el que tú eliges y suscribes los fondos manualmente.

Pienso que para la mayoría de inversores, el hecho de que "nos lo den masticado" es positivo y ayuda a eliminar dudas e invertir antes.

26. ¿Y si quiero forrarme y dar el pelotazo? ¿Qué propones?

Invirtiendo periódicamente, poco a poco, no darás el pelotazo ni te forrarás en unos pocos años. No pretendo engañar a nadie. Este libro no va sobre esto.

Si realmente lo que buscar es dar el pelotazo (con riesgo), en mi opinión tu mejor opción es montar un negocio online (poniendo muy poco o nada de dinero) que tenga sentido, trabajar duro y conseguir venderlo. Quizá este libro te ayude: **The millionaire fastlane.** También en español como **La vía rápida del millonario** de M.J. De Marco.

27. ¿Cuál es la diferencia entre riesgo y volatilidad?

El **riesgo** es la posibilidad de perder tu dinero de forma permanente. La **volatilidad** es la fluctuación temporal de los precios. **A corto plazo,** el riesgo y la volatilidad **se confunden**. Por ejemplo, invertir en bolsa es volátil, aunque no necesariamente arriesgado a (muy) largo plazo.

28. Si he descargado el libro ilegalmente, ¿puedo escribirte?

La verdad es que no me molesta que se lea el libro ilegalmente. Mi objetivo es que sirva a la gente. Yo no me voy a enterar de si has comprado o no el libro. Y aunque me lo cuentes, no me voy a enfadar ;) Puedes escribirme sin problema.

29. ¿Puedo invertir a nombre de mi hijo menor?

Sí, en mi blog (carlosgalan.net) lo explico.

30. ¿Y si vivo fuera de Europa (Latinoamérica, Asia…)?

En ese caso, según me comenta algún lector, una opción puede ser el roboadvisor *Inbestme*.

31. Me sale un perfil de riesgo bajo y quiero más rentabilidad. ¿Lo cambio?

Esta es una de las preguntas que más recibo. Y sobre ello escribí un artículo en mi blog ("El verdadero perfil de riesgo se ve en las caídas"). Cuando la bolsa sube, todos queremos más riesgo porque esto se traduce en mayor rentabilidad. Y por tanto puede que queramos asumir un mayor riesgo del que nuestra experiencia/situación económica y familiar nos permita.

Por eso yo recomiendo por norma general fiarnos del perfil de riesgo asignado. Sobre todo, si nunca has invertido en bolsa antes.

32. Mi duda es: si invierto en acciones directamente a largo plazo, conservo las acciones y además obtengo una renta vía dividendos. ¿Cuál es la diferencia con los fondos?

Es una pregunta muy buena. Y tiene truco.

Efectivamente, si compras una acción es muy claro que conservas la acción y además te pagan un dividendo.

Sin embargo, vamos a ver un ejemplo: supongamos que tienes una acción de Telefónica que cotiza a 10 euros el 1 de enero. El 2 de enero Telefónica decide pagar 1 euro de dividendo.

Mucha gente no sabe esto: lo que realmente ocurre es que el día 2 de enero, la acción de Telefónica comenzará a cotizar a 9 euros. El dividendo no es algo que surja "de la nada". Sino que se descuenta del valor de la acción.

Además, si cobras 1 euro de dividendo, deberás pagar 0,20 euros de impuesto (aproximadamente).

Es decir, tu dinero después de cobrar el dividendo el día 2 de enero es: 10-1+1-0,2=9,80 euros.

¿Sorprendido? Sí, el efecto final es que has perdido 20 céntimos de valor (10 – 9,80 euros).

Sin embargo, si inviertes en un fondo de inversión que tiene 1 acción de Telefónica en cartera, no pierdes nada. Esto ocurre porque el fondo tiene una fiscalidad interna que le permite no tributar por los dividendos. Además, el fondo se encarga de reinvertir los dividendos para que la bola siga creciendo.

33. Me planteo invertir en varias cuentas (por ejemplo, una para mi mujer, otra para mi hijo y otra para mí). ¿Voy a desaprovechar así el interés compuesto?

No. El interés compuesto aplica igualmente a 3 carteras de 1.000 € cada una que a una sola de 3.000 €.

Al cabo de 20 años tendrás exactamente el mismo resultado (son matemáticas). Recuerda que el interés compuesto es "lineal" en cuanto a las cantidades (puedes dividir en varias cuentas) pero "exponencial" en cuanto al tiempo (es mucho mejor invertir pronto una pequeña cantidad que tarde una más alta).

Así que, no me canso de decirlo, empieza hoy.

34. Me planteo invertir tanto en fondos como en plan de pensiones indexados, para diversificar. ¿Lo ves bien?

Sí. Tiene sentido. Una parte en planes de pensión para aprovechar el ahorro fiscal y otra en fondos para tener algo más de flexibilidad/liquidez.

35. Relleno el cuestionario inicial de algún gestor automatizado y la rentabilidad estimada de la cartera que me proponen es baja. ¿Por qué? ¿Recomiendas subir el perfil de riesgo? ¿Cómo?

Esto sobre todo ocurre con Indexa, que prefiere ser "cauta" y muestra unas rentabilidades previstas "conservadoras". Prefiere pecar de cobarde para no defraudar.

¿Recomiendo "subir" manualmente el perfil de riesgo? Yo no lo haría. Cuando la bolsa sube, es fácil asumir riesgo (más rentabilidad). Pero cuando cae es cuando te alegrarás de haber confiado en el perfil de riesgo asignado.

Si aun así, quieres subir el perfil de riesgo, y bajo tu responsabilidad, puedes volver a contestar el cuestionario cambiando las respuestas a las preguntas (sobre todo diciendo que "buscas más rentabilidad" y "soportas caídas").

36. ¿Invierto con mi mujer o mejor por separado? ¿Fiscalmente que conviene?

A mí personalmente me gusta más tener las cuentas separadas. De esa forma queda más claro. Aunque entiendo también la postura de quien prefiere tenerlo todo conjunto. Fiscalmente, en realidad no hay ninguna diferencia. Ni ventaja ni desventaja de tenerlo junto o separado.

37. ¿Puedo abrir cuenta en un gestor automatizado indexado a nombre de mi empresa?

Sí, puedes abrir cuenta sin problema a nombre de una sociedad.

38. ¿Es buena idea diversificar con más fondos? ¿O mejor concentrar? ¿Cómo se aprovecha mejor "la bola de nieve"?

No por tener más fondos estás más diversificado. La diversificación está en la composición de los fondos de inversión. Invertir en un único fondo que invierta en miles de empresas de todo el mundo es diversificar más que invertir en 5 fondos que inviertan en empresas solo españolas.

Por otro lado: ¿invertir en más fondos rompe el efecto "bola de nieve"? No. Es indiferente.

Si los fondos tienen una rentabilidad similar (que en principio sí), es equivalente tener 1 fondo y X euros o 5 fondos y 1/5 de X euros en cada fondo. El efecto "bola de nieve" (interés compuesto) seguirá vigente mientras sigas invertido y no vendas las participaciones, independientemente de si está repartido en pocos o muchos fondos, en una o varias cuentas.

39. Traspasar un fondo a otro de otra entidad, ¿rompe la "magia" del interés compuesto?

Buena pregunta: ¡No! El interés compuesto y su magia siguen haciendo su trabajo. El efecto bola de nieve (interés compuesto) seguirá vigente mientras sigas invertido y no vendas las participaciones. Y como solo estás "traspasando" (que no vendiendo) todo sigue en marcha.

40. ¿Afecta tener una cartera de fondos indexados en la Declaración de la Renta? ¿Fiscalmente cuándo afecta? ¿Tengo que informar de algo a Hacienda?

Mientras no vendas los fondos, no afecta para nada (únicamente sí tuvieras un patrimonio elevado y pagases impuesto de patrimonio). Y tampoco figura en tu borrador, ni tienes que informarlo, ni tienes obligación fiscal.

La tributación viene cuando vendas. ¿Qué impuesto habrá que pagar? Aproximadamente un 20% sobre la *ganancia patrimonial*.

Ejemplo: compraste por 1.000 €. Vendes por 2.000 €. Ganancia patrimonial: 1.000 €

Impuesto: - 200 €

Ganancia neta después de impuesto: 800 €

EL PRIMER LIBRO DE "CÓDIGO ABIERTO"

Éste es un libro, como me gusta llamarlo, de "código abierto". Con esto no quiero decir que sea gratis (eso sería contraproducente). Lo que quiere decir es que TODOS PARTICIPAN en su contenido. Está continuamente evolucionando. Prácticamente a diario interacciono con los lectores y a raíz de las preguntas y críticas, vamos aprendiendo. Hay gente que sabe mucho más que yo que me escribe para plantear un enfoque distinto o corregir errores. Estoy muy abierto a cambiar de opinión e incluso a cambiar de arriba a abajo el libro.

Gracias por tus preguntas/críticas por adelantado.

Si ya tienes el «KIT de recursos de iniciación» *Independízate,* entonces ya sabes cómo plantearme nuevas preguntas. Lo puedes conseguir gratis en www.carlosgalan.net/unete-al-equipo, registrándote con tu correo electrónico.

Y por supuesto si ya estás en el club, ya tengo tu correo y te enviaré por supuesto las futuras actualizaciones del libro.

Si tienes alguna duda no resuelta, escríbeme. Te la resolveré y la incluiré en la próxima actualización.

Eso sí, revisa por favor antes el listado de <u>Preguntas Frecuentes Actualizado</u> (es uno de los recursos del «Kit»), porque probablemente algún compañero me lo haya preguntado antes y ya la habré incluido ;)

Para conseguir el KIT, también puedes escanear con la cámara de tu móvil este código QR

Acceso al KIT

1. Abre la cámara de tu móvil
2. Enfoca el código QR
3. Pulsa en la notificación para acceder a la página web
4. Rellena tu nombre y correo electrónico. Haz *click* en *Enviar.*

Capítulo 9

En terrenos pantanosos: ¿comprar o alquilar vivienda?

Este libro se centra en el diseño de un sistema automático de inversión utilizando fondos indexados. Sin embargo, hablando de inversión no **puedo dejar de lado el tema de la vivienda.**

Para la mayoría de la gente será la mayor inversión de su vida. E invertir en una casa puede limitar la posibilidad de invertir en otras cosas (como por ejemplo bolsa). Y eso hay que meditarlo bien.

El tema de la vivienda es muy peliagudo y sé que me puedo granjear más de un enemigo al escribir esto, pero merecerá la pena. A alguno le abrirá los ojos y, al menos, reflexionará sobre el mayor gasto de su vida.

Se han creado una serie de mitos alrededor de la vivienda que muchos tomaron (y todavía toman) por verdades universales. Vamos a verlos:

1. ***La vivienda nunca baja:*** visto lo visto desde 2008, este argumento cae por su propio peso...

2. ***Alquilar es tirar el dinero, pagas lo mismo y al final no tienes nada***
   ¿Estás seguro? ¿Lo dices con conocimiento de causa o sólo estás repitiendo lo que dice tu "vecino del tercero"? Mucha gente compara "pago de hipoteca" mensual con el "alquiler" mensual.

Pero no tiene en cuenta toda una serie de gastos "invisibles" que paga todo propietario: impuestos (en España, sólo en IBI – Impuesto de Bienes Inmuebles – se pagan unos 500 euros de media al año), reparaciones, mantenimiento, costes e impuestos asociados a la compra y venta de la vivienda, seguros, gastos de comunidad, derramas...

Al margen de todos estos gastos *tangibles*, hay otros costes *intangibles* vinculados a la propiedad: pérdida de libertad (*no te puedes ir a otro país a vivir mañana mismo*), pérdida de flexibilidad (*¿qué pasa si pierdes el trabajo y no puedes pagar la hipoteca?, ¿qué pasa si tienes 4 hijos y te tienes que cambiar de casa?*), stress y quebraderos de cabeza (*los vecinos hacen mucho ruido, el barrio se está degradando, se ha estropeado la nevera...*). En un mundo cada vez más global y cambiante, estos "costes intangibles" de la vivienda en propiedad son cada vez más relevantes. Cada vez tiene menos sentido comprar una vivienda.

3. ***Ya, pero es que así me obligo a invertir***
Siempre me hizo gracia este argumento. Te obligas a pagar una factura durante 30 años y al final tienes una casa que genera gastos todos los meses. Es cierto que funciona: al final tienes una "inversión" (una inversión que te quita dinero, eso sí). Pero, con un poquito de fuerza de voluntad podrías hacer mucho más. Pasa lo mismo que con los planes de pensiones: pagas un dinero que no podrás recuperar durante muchos años (pierdes tu liquidez) y a cambio obtienes una rentabilidad mediocre.

4. ***Ya, pero es que así les dejo "algo" a mis hijos***
¿Crees que dejarles una vivienda a tus hijos es bueno? Yo pienso que a veces esto trae problemas. Aunque también debo decir que en otros casos ha sido una fuente de ingresos interesante para los herederos.

¿Quieres ganar 200 euros por hora?

A pesar de todo, has decidido comprar una casa. Muy bien: hay casos en los que puede tener sentido comprar (por ejemplo, si sabes que vas a vivir de por vida en una ciudad o como inversión para alquilar).

Pero, por favor, ¡hazlo bien! Es el mayor gasto/inversión que harás jamás. ¡No es como comprarte unos pantalones!

¿Qué te recomiendo?

1. **Comparar exhaustivamente con los gastos de alquiler**. Y sentirte cómodo con los gastos a los que te enfrentas y la libertad y flexibilidad que pierdes.

2. **Dedicarle un mínimo de 100 horas de estudio**. Leer absolutamente todo sobre el tema: gastos, psicología, trucos para negociar, trucos que utilizan los agentes inmobiliarios en tu contra, fiscalidad, bancos etc. Hablar con expertos, investigar las zonas, hablar con propietarios, hablar con inquilinos. En definitiva, debes ser el mayor experto sobre inmobiliario antes de lanzarte.

3. **Investigar durante un mínimo de 6 meses**. No te precipites ni dejes que las emociones te dominen. No esta vez. Te la juegas a una sola carta.

Si sigues estos 3 consejos, sobre una casa de 200.000 euros es muy probable que consigas ahorrarte, siendo conservador, un 10%, 20.000 euros. Es decir, unos 200 euros por hora invertida (suponiendo 100 horas de investigación).

La inversión inmobiliaria como fuente de libertad financiera

Con este pequeño capítulo simplemente pretendo llamar la atención sobre un tema que en España no se ha planteado hasta hace relativamente poco. En muchos países es cada vez más común vivir de alquiler y no existe un arraigo tan marcado hacia la propiedad. No quiero decir que la inversión en vivienda no sea rentable ni desaconsejable. ¡Ni mucho menos!

De hecho, pienso que es una forma más de invertir, que **puede ser muy interesante tanto por el** *cashflow* **que genera** (da ingresos pasivos mensuales) **como por el apalancamiento** (si es sensato y controlado) **que permite** (vía hipoteca).

En otras palabras, puedes conseguir que tu inversión (o inversiones en plural) se pague con el alquiler de la vivienda sin necesidad de tener en efectivo el 100% del valor de la casa. Esto no ocurre con los fondos de inversión, por ejemplo (el banco difícilmente te prestará para comprar un fondo, pero sí para comprar una casa).

Es lo que se conoce como *deuda buena* y **permite construir poco a poco un patrimonio para** *vivir de rentas*. Si te interesa este modelo de inversión te explico cómo lo hago yo (análisis, búsqueda, negociación de inmuebles y también financiación, reforma, fiscalidad y gestión de inquilinos) en **www.libertadinmobiliaria.es** (podcast + curso gratuito + curso avanzado).

CHECK OUT

Querido amigo, estamos llegando al final del camino. Me gustaría que te tomases un momento para recordar **las ideas clave del libro:**

- El ser humano no es racional. Tiene un miedo irracional al riesgo.
- La bolsa es el activo más rentable que existe, aunque arriesgada a corto plazo
- El tiempo erosiona el riesgo de la bolsa
- Los fondos indexados son la mejor forma de invertir a largo plazo: fiscalidad, diversificación y bajas comisiones
- Utiliza la psicología a tu favor: automatiza tu inversión
- Invierte todo lo que puedas cuanto antes. El tiempo es oro
- No te "cagues" si la bolsa se desploma. ¡Alégrate!
- Reflexiona antes de comprar una vivienda (en la que vivir).

Una última recomendación: La perfección es un mito. ¡EMPIEZA YA!

En cierta ocasión preguntaron a Warren Buffet (uno de los mayores inversores de la historia y uno de los 3 hombres más ricos del mundo) acerca de qué se arrepentía en su carrera. A pesar de que compró su primera acción con tan sólo 11 años dijo que se arrepiente de no haber empezado antes a invertir.

Y es que el poder del interés compuesto es algo mágico (como probablemente sepas, Einstein se refirió al interés compuesto como la fuerza más poderosa del universo), casi incomprensible para el cerebro humano, pero necesita de tiempo, cuanto más mejor, para desplegar su poder.

Por tanto, es muy importante que empieces cuanto antes: **Ayer era el mejor día, HOY es el segundo mejor. Mañana será tarde.** No padezcas la habitual *"parálisis por análisis"*. Entiendo que los temas financieros son complejos y no quieres confiar en cualquiera. Pero hay tanta información, tantas técnicas y, sobre todo, tanta gente tratando de arañar comisiones que posiblemente te sientas abrumado, como me pasó a mí en su día.

Por eso he creado este material. Para poner en tus manos **todo lo que necesitas para empezar a funcionar hoy mismo**. Por supuesto eres libre de hacer cambios y te recomiendo que te informes y reflexiones sobre si lo que yo propongo se adapta a tu estilo de vida, tu perfil de riesgo e incluso tus valores. Pero mi recomendación es muy clara: **primero pon el sistema a funcionar y luego infórmate**. Sí, repito, pon primero el sistema en marcha.

Sé que esto puede sonar un poco contradictorio después de haberte recomendado investigar a fondo el tema de la compra de vivienda antes de decidirte. Pero, estarás de acuerdo en que son temas bastante diferentes: cuando compras tu casa te la juegas a una carta y no puedes permitirte errores (más de 100.000 euros de golpe) mientras que cuando inviertes, vas poco a poco, mes a mes, o año a año (empiezas con unos cientos de euros). Hay tiempo para rectificar.

Por eso te propongo que aprendas sobre la marcha. Utiliza mi propuesta como opción por defecto durante los primeros 6 meses y dedícate aprender durante ese tiempo. Y si después resulta que no tienes tiempo de aprender o te da pereza, tu dinero seguirá creciendo.

Lo que distingue a las personas exitosas de las que se quedan a medias es la capacidad para ponerse en marcha a pesar de las dudas. Con seguridad conoces a más de uno que lleva años buscando la solución perfecta para bajar de peso y ponerse en forma. Pero nunca la encuentra. Porque la perfección NO existe. Es un mito. Y por tanto nunca se pone en marcha…

…A veces no hay que buscar atajos, sino, simplemente, **EMPEZAR**.

Si quieres saber más...

Nunca fui amigo de las interminables listas de lecturas recomendadas.

Te proponen 30 libros y no sabes cuál elegir. Acabas no leyendo ninguno de ellos.

Por eso yo sólo te voy a proponer dos:

- **Un paseo aleatorio por Wallstreet** de Burton G. Malkiel.
  Para mí es la biblia en cuanto a inversión inteligente, indexada y simple. Una buena parte de esta guía se ha inspirado en las enseñanzas de Malkiel. Sin duda es el libro que más ha influido mi filosofía de inversión. Es algo caro (30€). Pero, ¿qué quieres que te diga? La ignorancia es más cara. Mucho más.

- **I will teach you to be rich** de Ramit Sethi.
  Este libro es muy práctico. Habla desde cómo negociar la compra de un coche, pasando por cómo negociar con tu banco, hasta sobre cómo diseñar tu sistema automático de inversión. Hace mucho hincapié en la psicología y en mostrar lo irracionales que somos con el dinero, así como trucos para solucionarlo. También habla sobre "el consumo consciente" o cómo gastar tu dinero de acuerdo con tus verdaderas prioridades. Un gran libro que, de momento, sólo está en inglés. Que no te eche para atrás. El lenguaje es sencillo y así matas dos pájaros de un tiro: aprendes finanzas y aprendes inglés.

Devolviendo lo aprendido: por qué dono el 50% de los beneficios de este libro

Para qué nos vamos a engañar, soy un privilegiado. Nunca me ha faltado de nada y he podido acceder a una educación de calidad. Y eso, unido a mi interés por las finanzas y también al azar me han permitido el acceso al conocimiento que he plasmado en estas páginas.

Pero hay gente que no tiene la misma "suerte". No hablo de gente pobre económicamente. Hablo de gente normal que descubre demasiado tarde el tesoro del interés compuesto. Hablo de niños que se empapan de creencias totalmente dañinas acerca del dinero y que llevarán durante toda su vida ese lastre mental a la espalda.

Por eso **dedico** el 50% de los beneficios del libro a promover la **EDUCACIÓN financiera para niños. Aquí puedes ver las actividades que estoy promoviendo**: www.carlosgalan.net/donaciones

Lista de correo

Suscríbete para estar informado sobre todo lo que haga en relación a mi cartera de inversión (como posibles cambios en los fondos o en el bróker que utilizo, informes de rentabilidad), actualizaciones del libro, noticias, así como de otros materiales que pueda crear.

Si no lo has hecho ya, para suscribirte ve a mi web y deja tu correo para acceder al KIT. De esa forma quedas también suscrito a mi lista de correo.

A final de cada mes envío un e-mail de "5 Píldoras mensuales" con reflexiones. Los **actuales lectores** dicen que mis mensajes son *una de las pocas cosas que leo y realmente valoro* y *una inspiración tanto para la inversión como para la vida misma.*

Visita www.carlosgalan.net para:

En mi web puedes acceder **gratis** al «KIT de recursos de iniciación» *Independízate*. Lo puedes conseguir en www.carlosgalan.net, registrándote con tu correo electrónico.

Allí tienes:

1) El **plan de acción** para invertir en 20 minutos

2) Mi **masterclass** *"Invertir sin ser un experto"* en vídeo

3) Lista de **Preguntas** Frecuentes Actualizadas + **vía de comunicación** para hacerme nuevas preguntas

4) **Mi eBook** *'Vivir de rentas inmobiliarias'* en PDF

5) La Hoja Excel que utilizo para **controlar mis gastos y patrimonio**

Además, a final de **cada mes** envío un e-mail de "**5 Píldoras mensuales**" con reflexiones. Los actuales lectores dicen que mis mensajes son *una de las pocas cosas que leo y realmente valoro* y *una inspiración tanto para la inversión como para la vida misma*.

Para conseguir el KIT, también puedes escanear con la cámara de tu móvil este código QR:

Acceso al KIT

1. Abre la cámara de tu móvil

2. Enfoca el código QR

3. Pulsa en la notificación para acceder a la página web

4. Rellena tu nombre y correo electrónico. Haz click en *Enviar*.

¿Me ayudas a ayudar a más gente?

Déjame hacerte un par de preguntas: ¿Te ha gustado el libro? ¿Te ha aportado valor?

Tengo el reto de ayudar al máximo número de personas posible a gestionar mejor sus finanzas y que logren su independencia financiera, al menos, en su etapa de jubilación. Ayudarles a obtener más claridad, a tener una ruta y a ser cada vez más inteligentes con su dinero.

Si estás de acuerdo conmigo en que el dinero juega un papel muy importante en nuestra vida y que todavía tenemos mucho que aprender en este aspecto, **¿te apetece ayudarme con mi reto?**

Quizá con este libro puedas contribuir y aportar nuevos conocimientos a gente de tu entorno.

Piénsalo por un momento, **¿a qué 2 personas les ayudaría lo que has aprendido en este libro?**

Gracias a Amazon, el libro está publicado en formato papel. Si te apetece, puedes comprarlo a través de Amazon y en unos 3 días lo tienes en casa. Regalar un buen libro es algo barato y con alto impacto. Una inversión muy rentable. Yo lo hago mucho y lo envío directamente desde amazon a casa o a la oficina de mis amigos (muy cómodo).

¡Nunca me he arrepentido de regalar un buen libro por sorpresa! Si eliges el mío para regalar a algún amigo o familiar, te lo agradezco de corazón. Aquí te dejo el QR:

SOBRE MÍ y BLOG

Nací en 1991 y soy de Zaragoza, para mí, una de las ciudades con mayor calidad de vida de España y el mundo (y he vivido en 3 países más).

Desafío lo convencional, apuesto por lo simple y minimalista... y me encantan las buenas personas, el deporte en la naturaleza, la psicología y los negocios.

Siempre estoy dispuesto a aprender y cambiar de opinión.

Como te comentaba en la introducción, en febrero de 2015, después de unos meses viajando por el Sudeste asiático, escribí este libro.

Desde entonces, seguí viajando por Sudamérica y me quedé un par de años a trabajar en Chile, en el desarrollo de una *start-up* de *ecommerce* (2015-2016). Vivir allí fue una gran experiencia para mí.

Sin embargo, echaba de menos mi tierra y por ello desde 2017 vivo de nuevo en mi ciudad, Zaragoza.

En mi blog carlosgalan.net puedes leer más sobre mí y mi forma de pensar (reflexiones, entrevistas...).

¿ME AYUDAS A DIFUNDIR EL MENSAJE?

Muchas gracias por tomarte el tiempo de leer este libro.

Es para mí un orgullo que hayas llegado hasta el final.

No te olvides de escribirme si tienes cualquier duda, sugerencia o crítica.

Si te apetece, quiero pedirte que me ayudes a difundir el mensaje con una **pequeña opinión en Amazon (1 minuto de tiempo)** para que más gente se anime a invertir y mejorar sus finanzas.

¿Por qué te pido esto? Si te ha gustado y, sobre todo, si te ha servido el libro, contribuirás a darle más visibilidad y que más gente pueda beneficiarse de mis ideas. Los comentarios en Amazon son la **mejor publicidad**.

Aunque **'Independízate de Papá Estado'** tiene muchas opiniones positivas, el algoritmo de Amazon tiene en cuenta únicamente las más recientes. Me ayudaría bastante si puedes dejar una **pequeña opinión** (1 línea=1 minuto). Para ello puedes ir a Amazon/Mi Cuenta/Mis Pedidos, buscar el libro y hacer *click* en *"Escribir una Opinión"*.

Cojo el móvil y te ayudo ahora Carlos:

Y también escaneando este QR puedes ir directamente a dejar la opinión (te lo pongo fácil porque es importante, de verdad ;))

Pero también te animo a que escribas si no te ha gustado: escribe una crítica negativa en ese caso. Así nadie perderá su tiempo en leerlo.

El mercado decidirá si el contenido merece o no la pena.
Ya lo dijo Darwin… la evolución no perdona.

Un abrazo fuerte,

Carlos

2015 (Edición Original)
2023 (Edición que acabas de leer)
Carlos Galán Rubio
www.carlosgalan.net

Printed in France by Amazon
Brétigny-sur-Orge, FR